ÉTONNANTE ÉGLISE

Gregory Baum

Étonnante Église

L'émergence du catholicisme solidaire

Traduit de l'anglais par Albert Beaudry

BELLARMIN

Catalogage avant publication de Bibliothèque et Archives Canada

Baum, Gregory, 1923-
Étonnante Église : l'émergence du catholicisme solidaire
Traduction de : Amazing Church. A Catholic Theologian
Remembers a Half-Century of Change, © 2005,
NOVALIS, Saint Paul University, Ottawa, Canada

ISBN 2-89007-969-4

1. Église catholique – Histoire – 1965- . 2. Église et le monde.
3. Église et problèmes sociaux – Église catholique. I. Titre.

BX1390.B3814 2006   282'.09'045   C2006-940121-7

Dépôt légal : 2ᵉ trimestre 2006
Bibliothèque et Archives nationales du Québec
© Éditions Bellarmin, 2006

Les Éditions Bellarmin remercient de leur soutien financier le ministère
du Patrimoine canadien, le Conseil des Arts du Canada et la Société
de développement des entreprises culturelles du Québec (SODEC).
Les Éditions Bellarmin bénéficient du Programme de crédit d'impôt
pour l'édition de livres du Gouvernement du Québec, géré par la SODEC.
Aide financière du Conseil des Arts du Canada et du ministère du Patrimoine canadien
par l'entremise du Programme d'aide au développement de l'industrie de l'édition.

IMPRIMÉ AU CANADA EN AVRIL 2006

INTRODUCTION

Impossible pour moi de faire retour sur ma vie de théologien catholique sans ressentir autant d'étonnement que de reconnaissance face à l'évolution extraordinaire survenue dans l'enseignement officiel de l'Église catholique. Pour différentes raisons, je me suis toujours intéressé à l'enseignement des papes et des évêques. Ma thèse de doctorat en théologie à l'université de Fribourg, en 1956, étudiait l'évolution de l'enseignement pontifical sur l'unité chrétienne de Léon XIII à Pie XII. Cette thèse, je la trouve plutôt embarrassante aujourd'hui, car elle manque d'imagination œcuménique et ne pressent absolument rien des changements qu'allait bientôt connaître l'enseignement des papes. Mais sa publication en 1959 devait néanmoins avoir pour moi d'importantes conséquences. C'est à cause de ce livre qu'en 1960 le pape Jean XXIII m'a nommé *peritus* (expert) au Secrétariat pour la promotion de l'unité chrétienne, présidé par le cardinal Bea. Quand le pape Jean a convoqué le concile Vatican II, il a institué diverses commissions chargées de préparer les documents de travail qui allaient permettre au Concile d'aborder différentes questions théologiques et pastorales ; il a aussi créé le Secrétariat pour l'unité des chrétiens, qui avait pour mandat de favoriser dans l'Église une plus grande ouverture œcuménique. J'ai travaillé au Secrétariat de sa création jusqu'à la fin du Concile, en 1965.

Mon travail au Secrétariat m'a amené à voir les études théologiques comme un service rendu à l'Église pour l'aider à élaborer son enseignement officiel. Au Concile, il est devenu clair pour moi que le magistère de l'Église est surtout en mesure d'exercer sa créativité lorsqu'il prête attention aux expériences pastorales et aux développements théologiques au sein de la communauté des fidèles.

Plusieurs années plus tard, alors que j'enseignais la théologie à Toronto, on m'a invité à dialoguer avec la commission de justice sociale des évêques canadiens et, après mon déménagement à Montréal en 1986, j'ai pu participer à des comités de réflexion pastorale des évêques du Québec. Au fil des années, plusieurs de mes livres et de mes articles ont porté sur l'évolution de l'enseignement social catholique tel qu'il ressort des encycliques papales, d'autres documents du Vatican, des déclarations et des lettres pastorales des conférences épiscopales. Dans mon travail de théologien, j'ai toujours prêté attention au magistère de l'Église.

En repensant à l'évolution de l'enseignement officiel de l'Église, je suis renversé par la transformation qui s'est produite. Comme j'ai commencé mes études théologiques en 1950, je me rappelle les contraintes que subissaient les théologiens à l'époque. Pie XII venait de publier l'encyclique *Humani generis* dans laquelle il défendait le néothomisme en tant que théologie et philosophie officielle de l'Église et répudiait les efforts faits par certains penseurs catholiques pour élargir le débat et promouvoir dans l'Église le pluralisme théologique et philosophique. Dans les années 1950, les biblistes qui utilisaient dans leur recherche la méthode historico-critique étaient soumis à de fortes pressions du magistère romain. Mon intérêt pour l'unité chrétienne m'a mis en contact avec d'autres catholiques sympathiques au mouvement œcuménique. Nous savions très bien, alors, que Rome désapprouvait le mouvement œcuménique, nous connaissions la condamnation officielle promulguée par Pie XI dans l'encyclique *Mortalium animos* (1928) et les décrets publiés ensuite par le Vatican pour interdire aux catholiques de participer à des rencontres œcuméniques. Entre nous, nous murmurions que l'opposition de Rome à l'œcuménisme était inutilement étroite et qu'elle se fondait sur une interprétation inexacte de la nature du mouvement œcuménique et de son potentiel.

Je me rappelle pourtant avoir été choqué par une conversation avec une jeune catholique engagée qui travaillait au siège social de Pax Romana à Fribourg. Pax Romana, association internationale d'intellectuels catholiques, offrait à des laïcs catholiques progressistes une tribune où discuter entre eux des impératifs éthiques de la foi catholique dans le monde contemporain. Ce qui me heurtait profondément, c'est que cette jeune femme affirmait avec assurance que les papes avaient tort de condamner le principe de la liberté religieuse. Elle déplorait les restrictions imposées aux protestants dans certains pays catholiques et ne se laissait pas désarmer quand on lui rétorquait que des États protestants cultivaient, eux aussi, l'hostilité à l'endroit des catholiques. Elle faisait valoir que la conscience humaine qui scrute le texte sacré et cherche à obéir à la voix de Dieu mérite le respect de la société et de l'Église. J'étais troublé de l'entendre répéter que les papes avaient tort.

À la fin des années 1950, j'ai fait à propos du magistère de l'Église une autre expérience que je n'ai jamais oubliée. J'écrivais alors un livre sur une question biblique, ce qui m'amenait à consulter abondamment les commentaires catholiques et protestants. Une nuit, je me suis réveillé en sursaut avec l'impression d'avoir écrit pendant la journée quelque chose qui ne concordait pas avec l'enseignement romain officiel – j'en avais des sueurs froides.

Aujourd'hui, plus de cinquante ans plus tard, je suis émerveillé de constater l'évolution de l'enseignement officiel de l'Église. Comme nous soulignons habituellement la fidélité de l'Église à sa sainte tradition et comme il nous arrive même de dire que l'Église ne modifie jamais sa doctrine, l'évolution de ses positions officielles sur des questions de théologie et d'éthique au cours des cinquante dernières années est véritablement étonnante. C'est cette évolution que ce livre entend décrire et expliquer; c'est pourquoi je l'intitule *Étonnante Église*. J'entends montrer que l'Église entre dans la culture moderne marquée par un nouvel horizon éthique, qu'elle est disposée à relire les Écritures et sa doctrine traditionnelle afin de réagir au nouveau contexte historique d'une manière critique et avec créativité.

Le premier chapitre documente la conversion de l'Église catholique aux droits de la personne et, en particulier, à la liberté religieuse. Le chapitre 2 montre que l'enseignement officiel de l'Église en est venu à reconnaître la présence rédemptrice de Dieu dans l'ensemble de l'histoire humaine. Le chapitre 3 enregistre l'évolution de l'enseignement social catholique : d'abord interprétation organique de la société, son discours est maintenant plus conflictuel. L'Église ayant pris option pour les pauvres, son enseignement officiel regarde maintenant la société du point de vue de ses victimes et démasque ainsi ses conflits internes. Le chapitre 4 traite de la « culture de la paix », nouveau thème introduit par les derniers papes, qui favorise le dialogue des civilisations et embrasse le pluralisme des cultures et des religions. L'ouverture de l'Église au pluralisme religieux sera illustrée en détail au chapitre 5. Les catholiques doivent-ils voir dans le pluralisme religieux une faille historique destinée à être corrigée le jour où le monde entier adhérera à la foi chrétienne, ou ne pouvons-nous pas y reconnaître une grâce, le dessein de Dieu dont il y a lieu de se réjouir? Le dernier chapitre porte sur quelques questions théoriques et pratiques soulevées par cette évolution extraordinaire de la doctrine et aborde brièvement certains points de l'enseignement ecclésial qui n'ont pas encore connu d'évolution équivalente.

Ce que je ne fais pas ici, c'est l'histoire des expériences pastorales, des études théologiques et des mouvements spécialisés dans l'Église qui ont influencé son enseignement officiel. Cet ouvrage tient pour acquis que l'Église officielle enseigne tout en apprenant : elle continue d'examiner la doctrine dont elle a hérité en dialoguant avec la pensée créatrice suscitée par l'Esprit chez les fidèles. Le processus d'apprentissage était évident pendant le concile Vatican II, quand les mouvements biblique, liturgique, œcuménique, théologique et laïque dans l'Église ont pu influencer l'enseignement conciliaire. Mais même lorsque le dialogue entre la hiérarchie et les fidèles est moins évident, il n'est pas interrompu. Ce sujet mérite d'être étudié avec soin, mais il ne fait pas l'objet des pages qui suivent.

Je suis convaincu que ce qui a émergé, dans l'enseignement officiel de l'Église, est une forme nouvelle du catholicisme que décrit l'ouverture de *Gaudium et spes*, le document conciliaire sur l'Église dans le monde de ce temps : «Les joies et les espoirs, les tristesses et les angoisses des hommes de ce temps, des pauvres surtout et de tous ceux qui souffrent, sont aussi les joies et les espoirs, les tristesses et les angoisses des disciples du Christ.» Cette phrase s'appuie sur de nouvelles expériences religieuses dans l'Église. Il serait difficile de trouver des textes catholiques antérieurs à la Deuxième Guerre mondiale qui expriment la solidarité avec «ceux du dehors» – protestants, juifs, adeptes des autres religions ou personnes sans religion. La liturgie catholique elle-même ne nous invitait pas, en ce temps-là, à pratiquer un amour qui rejoigne l'humanité entière. En quête d'un nom pour cette nouvelle forme de catholicisme, je ne pouvais penser qu'à l'expression française de *catholicisme solidaire*. La formule ne peut être traduite mot à mot en anglais : l'adjectif *solidary* n'est jamais employé même si on le retrouve dans le *Concise Oxford Dictionary*.

On parle souvent, aux États-Unis, de la distinction entre catholiques conservateurs et catholiques libéraux. La faveur dont jouit cette classification duale tient peut-être au bipartisme du système politique américain. Au Canada, nous avons un modèle plus européen avec des partis conservateur, libéral et social-démocrate. D'où peut-être mon agacement quand on applique aux catholiques la grille du bipartisme. Si on ne parle que de chrétiens conservateurs et de chrétiens libéraux, il n'y a plus de place pour Dorothy Day et Daniel Berrigan ni, plus largement, pour les catholiques associés au Catholic Worker, à Pax Christi, au Center of Concern, à Développement et Paix et aux autres groupes ou centres *foi et justice* qui ont surgi partout à travers le monde catholique et dont plusieurs sont soutenus vigoureusement par des communautés et des ordres religieux. Ces catholiques critiquent le libéralisme sans être conservateurs. Le mot *libéralisme*, on le sait, recouvre diverses réalités, mais il évoque toujours la modernité comme progrès de l'humanité en ayant tendance à oublier son côté sinistre. Si le libéralisme a pour devise «liberté, égalité, fraternité», les libéraux n'ont pas vraiment conscience d'avoir trahi la fraternité ou la solidarité. Ils prônent l'avancement des classes moyennes chez eux et ailleurs dans le monde sans en mesurer le prix pour les couches inférieures de la société. Dans mes écrits, j'ai parlé de «catholiques pour la foi et la justice» pour désigner ceux qui ne sont ni libéraux ni conservateurs. Je les aurais volontiers appelés catholiques «solidaires» si l'adjectif *solidary* avait été communément employé en anglais.

Une étude attentive de l'enseignement officiel de l'Église m'a convaincu que l'Église d'aujourd'hui prône le *catholicisme solidaire*. Les catholiques solidaires partagent avec les libéraux le désir d'apprendre du monde et de promouvoir le changement dans l'Église; par ailleurs, ils partagent avec les conservateurs une conscience aiguë du péché humain, le sens de la présence de Dieu dans le combat pour le bien, et une incapacité radicale d'accepter la société telle qu'elle est. Nous verrons dans les pages qui suivent que, si l'Église est disposée à apprendre du monde moderne, elle regarde ce monde du point de vue de ses victimes et reconnaît par conséquent le versant obscur de la modernité. Ce versant obscur, l'Église enseigne qu'il ne peut être vaincu que par une conversion à la solidarité universelle, qui est l'œuvre de la grâce divine. À cette heure de l'histoire, je vois dans l'Église une force historique importante contre la mondialisation néolibérale.

Certains lecteurs me reprocheront de n'étudier que l'enseignement officiel de l'Église sans analyser les gestes de l'Église officielle. Il est vrai que les papes et les évêques qui proposent une interprétation inspirante du catholicisme ne font pas de grands efforts pour mettre en pratique ce qu'ils enseignent. Ils n'imposent pas non plus le frein à ces courants dans l'Église qui trahissent la solidarité universelle. Mais il n'empêche que les textes officiels sont là ; ils méritent notre gratitude ; ils nous protègent lorsque nous posons des gestes audacieux au nom du Christ pour exprimer la solidarité universelle en priorité à l'égard des personnes pauvres et vulnérables.

La majeure partie des textes cités dans ce livre proviennent de documents ecclésiastiques dont on peut retrouver le plus grand nombre dans Internet. Le site Web du Vatican (www.vatican.va) est une source utile, mais j'ai découvert qu'en interrogeant le moteur de recherche Google, on peut facilement retracer la traduction anglaise ou française de l'encyclique *Mirari vos*, publiée par le pape Grégoire XVI en 1832. Chaque fois que je cite un message ou une lettre du pape, j'en indique la date exacte, ce qui facilite la recherche dans le site Internet du Vatican. Lorsque je cite un document ecclésial, j'indique dans le corps de mon texte, et non en note, le paragraphe ou la section (§) d'où est tiré le passage.

L'enthousiasme que j'éprouve pour l'évolution de l'enseignement officiel de l'Église contraste avec l'humeur de nombreux catholiques aujourd'hui qui déplorent l'indifférence de la bureaucratie ecclésiastique face à des problèmes pastoraux urgents. Je reviendrai brièvement là-dessus au dernier chapitre, mais je tiens à dire tout de suite qu'à mon avis les incohérences de la hiérarchie de l'Église n'atténuent en rien mon admiration pour l'évolution de son enseignement officiel. Car nous trouvons dans cet enseignement le portrait autorisé d'un catholicisme au service de l'humanité : le *catholicisme solidaire*.

I

LA CONVERSION AUX DROITS
DE LA PERSONNE

L'enseignement officiel

Notre étude de l'évolution de l'enseignement officiel de l'Église s'ouvre sur la reconnaissance des droits de la personne par le pape Jean XXIII et le concile Vatican II, cause dont le pape Jean-Paul II allait par la suite se faire le défenseur passionné. L'appui donné aux droits humains représentait un changement radical dans l'exercice du magistère ecclésial. L'Église catholique est fidèle à la révélation biblique interprétée par les premiers conciles œcuméniques et se situe ainsi dans la tradition de l'orthodoxie, mais elle est aussi capable de relire les textes sacrés et, sur cette base, de réagir avec créativité aux défis de l'histoire. Avant d'examiner les arguments théologiques qui justifient la relecture de l'enseignement traditionnel, arrêtons-nous à l'évolution remarquable de l'attitude de l'Église à propos de la liberté religieuse.

Grégoire XVI

L'encyclique *Mirari vos*, promulguée par le pape Grégoire XVI le 15 août 1832, présentait un plaidoyer passionné en faveur de l'ordre aristocratique féodal et dénonçait les principes de la nouvelle société libérale. Le Pape était horrifié par l'idée de la souveraineté du peuple et par les mouvements politiques qui cherchaient à instituer le gouvernement démocratique.

> Nous avons appris que, dans des écrits répandus dans le public, on enseigne des doctrines qui ébranlent la fidélité, la soumission due aux princes et qui allument partout les torches de la sédition ; il faudra donc bien prendre garde que trompés par ces doctrines, les peuples ne s'écartent des sentiers du devoir. Que tous considèrent attentivement que selon l'avertissement de l'Apôtre, «il n'est point de puissance qui ne vienne de Dieu ; et celles qui existent ont été établies par Dieu ; ainsi résister au pouvoir c'est résister à l'ordre de Dieu, et ceux qui résistent attirent sur eux-mêmes la condamnation» (Rm 13, 1-2). Les droits divins et humains s'élèvent donc contre les hommes, qui, par les manœuvres les plus noires de la révolte et de la sédition, s'efforcent de détruire la fidélité due aux princes et de les renverser de leurs trônes. (§ 17)
>
> Ces éclatants exemples d'une constante soumission envers les princes, tiraient nécessairement leur source des

préceptes sacrés de la religion chrétienne; ils condamnent l'orgueil démesuré, détestable de ces hommes déloyaux qui, brûlant d'une passion sans règle et sans frein pour une liberté qui ose tout, s'emploient tout entiers à renverser et à détruire tous les droits de l'autorité souveraine, apportant aux peuples la servitude sous les apparences de la liberté. (§ 19)

Aussi, une fois rejetés les liens sacrés de la religion, qui seuls conservent les royaumes et maintiennent la force et la vigueur de l'autorité, on voit l'ordre public disparaître, l'autorité malade, et toute puissance légitime menacée d'une révolution toujours plus prochaine. Abîme de malheurs sans fonds, qu'ont surtout creusé ces sociétés conspiratrices dans lesquelles les hérésies et les sectes ont, pour ainsi dire, vomi comme dans une espèce de sentine, tout ce qu'il y a dans leur sein de licence, de sacrilège et de blasphème. (§ 5)

Le grand danger pour la société, d'après *Mirari vos*, c'est l'indifférentisme, «cette opinion funeste répandue partout par la fourbe des méchants, qu'on peut, par une profession de foi quelconque, obtenir le salut éternel de l'âme, pourvu qu'on ait des mœurs conformes à la justice et à la probité». (§ 13) L'indifférentisme, nous dit-on, a des conséquences désastreuses sur le plan culturel.

De cette source empoisonnée de l'indifférentisme, découle cette maxime fausse et absurde ou plutôt ce délire: qu'on doit procurer et garantir à chacun la liberté de conscience; erreur des plus contagieuses, à laquelle aplanit la voie cette liberté absolue et sans frein des opinions qui, pour la ruine de l'Église et de l'État, va se répandant de toutes parts, et que certains hommes, par un excès d'impudence, ne craignent pas de représenter comme avantageuse à la religion. [...] Quand on enlève ainsi aux hommes tout frein capable de les retenir dans les sentiers de la vérité, entraînés qu'ils sont déjà à leur perte par un naturel enclin au mal, ils courent à l'abîme. [...] Car l'expérience nous l'atteste et l'antiquité la plus reculée nous l'apprend : pour amener la destruction des États les plus riches, les plus puissants, les plus glorieux, les plus florissants, il n'a fallu que cette liberté sans frein des opinions, cette licence des discours publics, cette ardeur pour les innovations.

Pour freiner la diffusion de la liberté d'opinion, l'encyclique fait appel à une censure plus rigoureuse.

À cela se rattache la liberté de la presse, liberté la plus funeste, liberté exécrable, pour laquelle on n'aura jamais assez d'horreur et que certains hommes osent avec tant de bruit et tant d'insistance, demander et étendre partout. Nous frémissons, vénérables frères, en considérant de quels monstres de doctrines, ou plutôt de quels prodiges d'erreurs nous sommes accablés ; erreurs disséminées au loin et de tous côtés par une multitude immense de livres, de brochures, et d'autres écrits, petits il est vrai en volume, mais énormes en perversité. [...] Mais bien différente a été la discipline de l'Église pour l'extinction des mauvais livres. [...] « Il faut combattre avec courage », disait Clément XIII, notre prédécesseur d'heureuse mémoire, dans sa lettre encyclique sur la proscription des livres dangereux, « il faut combattre avec courage, autant que la chose elle-même le demande, et exterminer de toutes ses forces le fléau de tant de livres funestes ; jamais on ne fera disparaître la matière de l'erreur, si les criminels éléments de la corruption ne périssent consumés par les flammes. » (§ 15-16)

D'après *Mirari vos*, la demande présentée par certains penseurs catholiques qui souhaitent que l'Église renouvelle sa discipline et sa pastorale est absolument inacceptable. « C'est le comble de l'absurdité et de l'outrage envers l'Église, écrit le Pape, de prétendre qu'une restauration et qu'une régénération lui sont devenues nécessaires pour assurer son existence et ses progrès, comme si l'on pouvait croire qu'elle aussi fût sujette, soit à la défaillance, soit à l'obscurcissement, soit à toute autre altération de ce genre. » (§10) Grégoire XVI rappelle à ses lecteurs « l'avertissement du saint pape Agathon : rien de ce qui a été régulièrement défini ne supporte ni diminution, ni changement, ni addition, repousse toute altération du sens et même des paroles ». (§ 7)

J'ai longuement cité l'encyclique *Mirari vos* pour illustrer le caractère contextuel de l'enseignement officiel de l'Église. Le magistère de l'Église se situe dans une culture particulière et c'est à partir de ce contexte culturel qu'il s'efforce de formuler le sens et la portée de l'Évangile chrétien. Ainsi Grégoire XVI était-il fermement convaincu que, dans la crise de la société européenne provoquée par les Lumières et par la Révolution française, la vérité révélée de Dieu appelait les catholiques à résister à la montée des forces de la démocratie, du libéralisme et du pluralisme. Tous les papes du XIXe siècle allaient partager la même conviction. Ils voudront que l'Église se dresse comme un rempart contre l'émergence de la nouvelle société fondée sur la liberté, l'égalité et la participation.

Mirari vos tenait pour acquis un horizon éthique bien différent du nôtre. À l'intérieur de cette vision du monde, les papes du XIXe siècle ne pouvaient reconnaître ni le fondement moral de la liberté et de l'égalité ni l'affinité de ces valeurs avec le message chrétien. Tout au long de ce siècle, les papes ont continué de dénoncer les droits civils et la liberté religieuse. Voyons quelques passages de l'encyclique *Libertas præstantissimum*, publiée par Léon XIII le 20 juin 1888.

> Non, de par la justice ; non, de par la raison, l'État ne peut être athée, ou, ce qui reviendrait à l'athéisme, être animé à l'égard de toutes les religions, comme on dit, des mêmes dispositions, et leur accorder indistinctement les mêmes droits. – Puisqu'il est donc nécessaire de professer une religion dans la société, il faut professer celle qui est la seule vraie et que l'on reconnaît sans peine, au moins dans les pays catholiques, aux signes de vérité dont elle porte en elle l'éclatant caractère. Cette religion, les chefs de l'État doivent donc la conserver et la protéger. (§21)
>
> Et maintenant, poursuivons ces considérations au sujet de la liberté d'exprimer par la parole ou par la presse tout ce que l'on veut. Assurément, si cette liberté n'est pas justement tempérée, si elle dépasse le terme et la mesure, une telle liberté, il est à peine besoin de le dire, n'est pas un droit, [...] Les écarts d'un esprit licencieux, qui, pour la multitude ignorante, deviennent facilement une véritable oppression,

doivent justement être punis par l'autorité des lois, non moins que les attentats de la violence commis contre les faibles. Et cette répression est d'autant plus nécessaire que contre ces artifices de style et ces subtilités de dialectique, surtout quand tout cela flatte les passions, la partie sans contredit la plus nombreuse de la population ne peut en aucune façon, ou ne peut qu'avec une très grande difficulté se tenir en garde. Accordez à chacun la liberté illimitée de parler et d'écrire, rien ne demeure sacré et inviolable, rien ne sera épargné, pas même ces vérités premières, ces grands principes naturels que l'on doit considérer comme un noble patrimoine commun à toute l'humanité. Ainsi, la vérité est peu à peu envahie par les ténèbres, et l'on voit, ce qui arrive souvent, s'établir avec facilité la domination des erreurs les plus pernicieuses et les plus diverses. (§ 23)

Rerum novarum (1891), la fameuse encyclique de Léon XIII, a dénoncé l'inégalité sociale engendrée par l'industrialisation capitaliste : elle défendait les droits des travailleurs, critiquait les abus du capitalisme, condamnait la théorie politique socialiste et soulignait les responsabilités de l'État en matière de justice économique. Mais le Pape ne faisait aucune concession à la démocratie. L'enseignement officiel de l'Église catholique a rejeté la liberté religieuse et les autres droits civils jusqu'au règne de Jean XXIII. John Courtney Murray, qui défendait le principe de la liberté religieuse dans les années 1950, a été victime de l'intervention des autorités romaines[1].

---

1. «John Courtney Murray», *New Catholic Encyclopedia*, 2ᵉ édition, vol. 10, p. 68-69.

Les catholiques qui formaient une minorité dans leur pays étaient embarrassés par cette condamnation officielle de la liberté religieuse. Pour tenir compte de leur situation, certains penseurs proches de Léon XIII lancèrent l'idée que dans les pays où les catholiques formaient la grande majorité de la population, ils devaient s'opposer à la liberté religieuse (c'était «la thèse»), mais que là où ils n'étaient qu'une minorité, les catholiques devaient exiger la liberté religieuse (c'était «l'hypothèse[2]»). Sous l'horizon éthique du catholicisme du XIXe siècle, pareille solution ne semblait pas choquante. Mais bien des catholiques dans les pays anglophones restaient mal à l'aise devant cette solution opportuniste.

Jean XXIII

Le grand changement dans l'enseignement officiel de l'Église est survenu avec *Pacem in terris*, que Jean XXIII fit paraître en 1963. Le Pape avait été grandement impressionné par la Déclaration universelle des droits de l'homme, promulguée par les Nations unies en 1948. Après l'horreur des crimes perpétrés contre les peuples et les populations pendant la Deuxième Guerre mondiale, les représentants des États du monde tenaient à donner un statut juridique à la dignité des êtres humains, fondement de leurs droits et libertés. La Déclaration universelle n'offrait aucun argument philosophique pour démontrer la

---

2. René Coste, *Théologie de la liberté religieuse*, Gembloux, Duculot, 1969, p. 337-338.

dignité des personnes : s'y essayer aurait déclenché un débat interminable et on ne serait jamais arrivé à un consensus. Ce qui a poussé les membres de l'Assemblée à entériner la Déclaration, c'est la révulsion devant l'énormité des crimes commis pendant la Deuxième Guerre mondiale, la pensée de millions et de millions d'êtres humains humiliés, mutilés, assassinés.

Je tiens la promulgation de la Déclaration universelle pour un événement extraordinaire : l'affirmation d'un principe éthique universel qu'on n'avait jamais reconnu jusque-là. Les grandes traditions religieuses et philosophiques tendaient à faire une distinction entre le normatif et le déficient, entre les civilisés et les barbares, entre les élus et les non-élus, entre les citoyens et les esclaves, entre les hommes et les femmes, entre ceux du dedans et ceux du dehors : le respect et la solidarité étaient réservés aux personnes qui relevaient de la sphère normative. Reconnaître l'égale dignité de tous les êtres humains, c'était une percée spirituelle qui transcendait l'utilitarisme dominant, posait une métaphysique implicite et dépassait les traditions religieuses. L'éthicienne canadienne Margaret Somerville a parlé de cette dignité comme du « sacré laïque » (*the secular sacred*[3]).

Jean XXIII, lui, tenait la Déclaration universelle pour un « signe des temps ». L'expression, dont il usait fréquemment, désigne un événement historique important qui

---

3. Margaret SOMERVILLE, *The Ethical Canary*, Toronto, Penguin Books Canada, 2000, p. 20.

exige de l'Église une réaction originale fondée sur sa foi en la révélation divine. Pareille réaction suppose une relecture de l'Écriture et de la tradition catholique, à la recherche de réponses à une question urgente. En relisant les Écritures avec une sensibilité nouvelle, Jean XXIII a trouvé des raisons théologiques de confirmer les droits de la personne. Il a fait valoir que la dignité à la base de ces droits humains a un double fondement théologique : dans l'ordre de la création et dans l'ordre de la grâce. D'après la Bible, les êtres humains sont créés d'après l'*imago Dei* – à l'image de Dieu – et sont rachetés par le Christ «pour devenir les enfants et les amis de Dieu». (§ 10) La foi catholique reconnaît ainsi la dignité élevée des êtres humains et exige le respect public de leurs droits.

Dans *Pacem in terris*, Jean XXIII a adopté une approche étonnamment nouvelle pour l'enseignement social catholique. Depuis l'encyclique *Rerum novarum* de Léon XIII (1891), l'enseignement social catholique avait toujours repris la distinction néoscolastique entre l'ordre naturel et l'ordre surnaturel. Ainsi lorsqu'il s'adressait aux catholiques, le magistère de l'Église invoquait les sources de la révélation divine ; mais quand son enseignement s'adressait à l'ensemble de la société, il ne s'appuyait que sur la raison et la loi naturelle, sans faire aucunement référence à l'Évangile chrétien. Jean XXIII rompt avec cette tradition. Pour comprendre les êtres humains, dit-il, il faut reconnaître en eux l'image de Dieu (en vertu de la création divine) aussi bien que l'appel divin qui leur est adressé (en vertu de la rédemption divine). Pour le pape Jean et ses successeurs, l'enseignement social catholique est inspiré et guidé par la foi en Jésus Christ. Nous reviendrons au prochain chapitre sur les présupposés théologiques de cette évolution remarquable.

Il est important de remarquer qu'en énumérant les droits de la personne, *Pacem in terris* ne suit pas l'ordre de la Déclaration universelle, qui met l'accent avant tout sur les libertés civiles. Voici comment Jean XXIII inaugure son enseignement sur les droits humains :

> Tout être humain a droit à la vie, à l'intégrité physique et aux moyens nécessaires et suffisants pour une existence décente, notamment en ce qui concerne l'alimentation, le vêtement, l'habitation, le repos, les soins médicaux, les services sociaux. (§ 11)

La Déclaration universelle, suivant la tradition libérale, s'arrête d'abord aux libertés civiles reconnues dans les démocraties occidentales et ne parle des droits socio-économiques comme la nourriture, le vêtement et le logement qu'à la toute fin[4]. À l'inverse, *Pacem in terris* adopte la perspective biblique et commence par se soucier des pauvres. Nous verrons dans les prochains chapitres que l'Église entre en dialogue avec le libéralisme, se met à son école et le transcende par son engagement à pratiquer la solidarité universelle. Le droit à des conditions matérielles qui permettent de vivre dans la dignité crée une obligation

---

4. Voir la Déclaration universelle des droits de l'homme, articles 25 et suivants.

pour la société. La collectivité est moralement obligée de contribuer au bien-être de ses membres, et notamment à leur développement humain.

Pacem in terris affirme ensuite les droits relatifs aux valeurs morales et culturelles, entre autres la liberté d'expression. Suit la liberté de culte. « Chacun a le droit d'honorer Dieu suivant la juste règle de la conscience et de professer sa religion dans la vie privée et publique. » (§ 14) Ensuite viennent les droits économiques, dont le droit à des conditions de travail décentes, les libertés civiles, comme le droit d'association et de rassemblement pacifique, et finalement les droits politiques propres à la tradition démocratique.

Pacem in terris signale trois autres « signes des temps » qui exigent une réflexion renouvelée sur le sens et la portée de l'Évangile chrétien. D'abord, « chez les travailleurs de tous les pays, l'exigence est vivement sentie de n'être ni considérés ni traités comme des êtres sans raison ni liberté, dont on use à son gré ». (§ 40) Deuxièmement, « de plus en plus consciente de sa dignité humaine, la femme n'admet plus d'être considérée comme un instrument ; elle exige qu'on la traite comme une personne aussi bien au foyer que dans la vie publique ». (§ 41) Enfin, on dénonce le colonialisme. « Plus de peuples dominateurs et de peuples dominés : toutes les nations ont constitué ou constituent des communautés politiques indépendantes. » (§ 42) Ces signes des temps exigent aussi de l'Église qu'elle y réagisse dans la foi, ce qui l'oblige à relire sa tradition.

Les paragraphes précédents montrent que *Pacem in terris* déploie un horizon éthique bien différent de celui de *Mirari vos*. *Pacem in terris* respecte même l'élan révolutionnaire même si elle s'oppose vigoureusement à tout acte de violence. « Il ne manque pas d'hommes au cœur généreux qui, mis en face de situations peu conformes ou contraires à la justice, sont portés par leur zèle à entreprendre une réforme complète et dont l'élan, brûlant les étapes, prend alors des allures quasiment révolutionnaires. » (§ 161) Le changement social doit se faire, mais il faut y arriver par des moyens pacifiques.

En relisant *Pacem in terris*, j'ai été encore une fois touché par une formulation de la foi chrétienne que je fais mienne et dans laquelle je me reconnais parfaitement : une foi chrétienne à l'écoute de Dieu qui parle dans l'histoire, attentive au monde, consciente de sa condition déchue et reconnaissante à Jésus, prince de la paix, qui dans son humilité veut être honoré dans l'amour et le respect que nous témoignons à tous ses frères et sœurs. Ce qui émerge ici, c'est une nouvelle spiritualité, une nouvelle forme d'abandon spirituel dans la peine et dans la joie, qui se charge du fardeau des opprimés, qui se lève pour défendre leur liberté et qui se réjouit de partager avec eux l'appel à vivre la réconciliation avec Dieu.

Le concile Vatican II

En dépit de l'encyclique de Jean XXIII, nombreuses furent les voix au concile Vatican II – évêques venus de régions du monde encore exclusivement catholiques et éléments conservateurs de la Curie romaine, l'administration papale – qui s'opposèrent au projet de déclaration sur la liberté religieuse soumis par le Secrétariat pour l'unité. Les ouvrages qui racontent l'histoire du concile ont bien noté les manœuvres et les intrigues utilisées pour retarder la promulgation de ce document[5]. Ce qui explique surtout cette opposition, c'est le fait que l'enseignement pontifical avait condamné la liberté religieuse pendant plus d'un siècle; changer cet enseignement des papes allait affaiblir l'autorité du magistère ecclésial. Heureusement, les évêques américains ont fait tout ce qu'ils pouvaient pour que la déclaration soit déposée dans l'aula, discutée et soumise au vote. Comme la condamnation par l'Église de la liberté religieuse, avec la «thèse» et l'«hypothèse» de Mgr Dupanloup, était encore invoquée dans certains milieux anticatholiques aux États-Unis pour montrer que le catholicisme était incompatible avec la démocratie américaine, les évêques des États-Unis se sont engagés à fond dans ce dossier. Au terme d'un long débat, sur lequel nous reviendrons au prochain chapitre, la *Déclaration sur la liberté religieuse (Dignitatis humanæ)* fut finalement promulguée dans les dernières heures du Concile, le 7 décembre 1965.

La première phrase de la déclaration expose un argument contextuel. «La dignité de la personne humaine est,

---

5. Xavier RYNNE, *Vatican II Council*, Maryknoll, NY, Orbis Books, 1999, p. 298-303, 415-422, 454-466.

en notre temps, l'objet d'une conscience toujours plus vive.» Cette phrase évoque l'évolution des valeurs par lesquelles on définit le bien pour la vie en société. Elle suggère implicitement qu'étant donné que l'horizon éthique de Grégoire XVI était profondément différent, à l'époque de *Mirari vos*, il n'y a pas à s'étonner de sa condamnation de la liberté religieuse.

La transformation culturelle à laquelle renvoie la déclaration est explorée en détail dans *Gaudium et spes* (*L'Église dans le monde de ce temps*). Cet important document conciliaire décrit les changements survenus sur les plans politique, social et scientifique et reconnaît leur impact sur les conceptions morales et religieuses. (§ 5-7) Les chrétiens ont le devoir de comprendre cette transformation culturelle, de reconnaître son ambiguïté et de faire la part des éléments conformes à l'Évangile et de ceux qui y sont contraires. Dans le contexte historique actuel, il est impossible de prêcher l'Évangile comme si la culture et l'horizon éthique n'avaient pas changé.

Gaudium et spes confirmait l'enseignement de *Pacem in terris* en donnant son appui à la liberté religieuse et à la tradition des droits de la personne. *Gaudium et spes* faisait plus particulièrement l'éloge de trois valeurs modernes : la liberté, l'égalité et la participation.

C'est toujours librement que l'homme se tourne vers le bien. Cette liberté, nos contemporains l'estiment grandement et ils la poursuivent avec ardeur. Et ils ont raison. Souvent cependant ils la chérissent d'une manière qui n'est pas droite, comme la licence de faire n'importe quoi, pourvu que cela plaise, même le mal. Mais la vraie liberté est en l'homme un signe privilégié de l'image divine. (§17)

Tous les hommes, doués d'une âme raisonnable et créés à l'image de Dieu, ont même nature et même origine ; tous, rachetés par le Christ, jouissent d'une même vocation et d'une même destinée divine : on doit donc, et toujours davantage, reconnaître leur égalité fondamentale. Assurément, tous les hommes ne sont pas égaux quant à leur capacité physique, qui est variée, ni quant à leurs forces intellectuelles et morales qui sont diverses. Mais toute forme de discrimination touchant les droits fondamentaux de la personne, qu'elle soit sociale ou culturelle, qu'elle soit fondée sur le sexe, la race, la couleur de la peau, la condition sociale, la langue ou la religion, doit être dépassée et éliminée, comme contraire au dessein de Dieu. (§ 29)

Pour que chacun soit mieux armé pour faire face à ses responsabilités, tant envers lui-même qu'envers les différents groupes dont il fait partie, on aura soin d'assurer un plus large développement culturel. [...] Il faut stimuler chez tous la volonté de prendre part aux entreprises communes. Aussi faut-il louer la façon d'agir des nations où, dans une authentique liberté, le plus grand nombre possible de citoyens participe aux affaires publiques. (§ 31)

À quelque groupe ou nation qu'ils appartiennent, le nombre des hommes et des femmes qui prennent conscience d'être les artisans et les promoteurs de la culture de leur communauté croît sans cesse. Dans le monde entier progresse de plus en plus le sens de l'autonomie comme de la responsabilité. [...] Nous sommes donc les témoins de la naissance d'un nouvel humanisme ; l'homme s'y définit avant tout par la responsabilité qu'il assume envers ses frères et devant l'histoire. (§ 55)

Ces textes le montrent bien, *Gaudium et spes* reflète un horizon éthique bien différent de celui de *Mirari vos*. Alors que l'encyclique définissait la moralité publique en termes d'humble soumission aux princes, d'acceptation de son statut social et de fidélité inconditionnelle aux valeurs traditionnelles, la constitution conciliaire formule ses idéaux en termes de liberté, d'égalité et de participation. Dans deux contextes historiques différents, ordre aristocratique d'une part, régime démocratique d'autre part, l'annonce de l'amour de Dieu et du prochain prend des sens différents qui marquent les rapports humains dans les familles, les écoles, les institutions et la société en général. Ce qui a changé, c'est l'horizon éthique, la perspective dans laquelle les gens interprètent leur quête morale. Le projet de promouvoir la liberté, l'égalité et la participation dans les rapports interpersonnels et sociétaux représente précisément ce qu'à une autre époque *Mirari vos* entendait bloquer.

Après le Concile, Paul VI et Jean-Paul II ont réaffirmé, dans les termes les plus vigoureux, la liberté religieuse et les droits de la personne. Lors de ses nombreux voyages, le pape Jean-Paul II s'est fait le champion des droits humains dans les différentes régions du monde, allant souvent jusqu'à y critiquer sans détour les conditions existantes. Son discours devant l'Assemblée générale des Nations unies, le 5 octobre 1995, est un hymne à la liberté humaine.

Dans toutes les régions de la terre, malgré les menaces de violence, des hommes et des femmes ont pris le risque de la liberté, demandant que leur soit reconnue une place dans la vie sociale, politique et économique à la mesure de leur dignité de personnes libres. (§ 2)

En vérité, cette recherche universelle de la liberté est l'une des caractéristiques de notre époque. [...] La liberté est la mesure de la dignité et de la grandeur de l'homme. Pour les individus et les peuples, vivre libre est un grand défi pour le progrès spirituel de l'homme et pour la vigueur morale des nations. [...] Il convient donc que notre réflexion se porte sur la question de la structure morale de la liberté, qui est l'armature intérieure de la culture de la liberté. (§ 12)

Il va sans dire que la liberté exaltée par l'Église n'est pas la liberté de faire ce qu'on veut ; non plus que la liberté d'acheter et de vendre, le libre marché ou la liberté d'user de ses biens à son gré. L'Église exalte la liberté qu'ont les personnes, soutenues par la grâce divine, d'assumer la responsabilité de leur propre vie et de participer de manière responsable à la vie de la société et de ses institutions. Cette anthropologie théologique, Jean-Paul II l'exprime à l'aide d'un nouveau vocabulaire, jamais utilisé auparavant dans le discours officiel de l'Église. Pour le Pape, les êtres humains sont des « sujets », c'est-à-dire des agents historiques libres, responsables d'eux-mêmes et coresponsables des diverses institutions auxquelles ils appartiennent. Ce couple liberté-responsabilité, Jean-Paul II l'appelle la

« subjectivité[6] » des personnes et il exige qu'elle soit respectée par les instances qui gouvernent la société et par les autres institutions, notamment les institutions économiques. Les gens sont, par nature et par vocation, coresponsables de leur monde.

Le Pape a fait appel à cette nouvelle théologie pour critiquer le régime communiste polonais qui violait la subjectivité du peuple dans l'ordre politique et dans l'ordre économique.

> À la place de l'initiative créatrice prévalent la passivité, la dépendance et la soumission à l'appareil bureaucratique, lequel, comme unique organe d'«organisation» et de «décision» [...] de la totalité des biens et des moyens de production, met tout le monde dans une position de sujétion quasi absolue, semblable à la dépendance traditionnelle de l'ouvrier-prolétaire par rapport au capitalisme. (§ 15)

Cette critique s'applique à toutes les organisations bureaucratiques qui violent la subjectivité de leurs membres. Les gens sont appelés, par nature et par grâce, à exercer leur responsabilité dans les institutions de la société, et les autorités gouvernementales sont tenues de reconnaître le droit qu'ils ont de participer. En lisant ces

---

6. Selon *Laborem exercens* (§ 6), les travailleurs ne sont pas des objets mais les sujets de la production, et l'industrie doit respecter leur subjectivité. *Sollicitudo rei socialis* (§ 15) exige qu'au lieu d'écraser l'initiative des gens à coups de réglementation bureaucratique, les États respectent la subjectivité créatrice de leurs citoyens.

textes, on s'étonnera que le Pape n'applique pas le même principe à l'Église elle-même.

Réflexions théologiques

Horizons éthiques

Il est devenu clair pour moi qu'un horizon éthique pouvait subir d'importants changements quand, étudiant en sociologie, j'ai lu les deux volumes du célèbre ouvrage publié par Alexis de Tocqueville en 1840, *De la démocratie en Amérique*[7]. Tocqueville était un Français conservateur sur le plan social, témoin de la crainte de ses amis conservateurs, que l'égalitarisme et les institutions libérales ne viennent saper les valeurs traditionnelles de la société française et jeter le pays dans le chaos. Pour vérifier si cette crainte était fondée, Tocqueville entreprit d'étudier les institutions des États-Unis et le mode de vie de leurs habitants. Dans l'introduction au premier volume, il explique que sa recherche empirique a été guidée par le contraste entre les deux types de société : la société aristocratique de tradition européenne et la société égalitaire à laquelle aspirent les Américains. Il a observé que, contrairement à ce que craignaient ses amis conservateurs, une société égalitaire n'engendre pas le chaos et la confusion, mais crée ses propres institutions et engendre des blocs de valeurs correspondantes qui assurent à la fois l'ordre public et la

---

7. Alexis de TOCQUEVILLE, *De la démocratie en Amérique*, Paris, Librairie philosophique J. Vrin, 1990.

liberté personnelle. Tocqueville a pu montrer que dans une société qui instituait l'égalité entre ses citoyens, la culture, et notamment la culture éthique, subissait de profonds changements. La société transformait la perception que chaque citoyen avait de lui-même, l'amenant ainsi à comprendre autrement sa vocation à mener une vie vertueuse.

De la démocratie en Amérique consacre de pleins chapitres à examiner comment les institutions égalitaires influencent la vie intellectuelle, la culture, les valeurs, les sentiments et les manières. Les gens deviennent plus individualistes, soucieux de se tailler une place, mais ils combattent cet individualisme en multipliant les institutions sociales et politiques qui exigent la participation et incitent à se soucier de la société. Alors que les sociétés aristocratiques s'attendent à trouver la vérité dans un cercle restreint, chez quelques sages en retrait d'une vie trépidante, les sociétés démocratiques respectent l'intelligence des gens ordinaires, prennent au sérieux l'opinion publique et attendent de leur gouvernement qu'il demeure en constant dialogue avec ses citoyens. La société égalitaire amène les gens à se percevoir comme des personnes responsables de leur propre vie et de leur milieu social. Tocqueville a pu faire la preuve que cette situation change l'image d'elles-mêmes qu'ont les femmes et transforme ainsi les rapports hommes-femmes. Il a aussi montré que le nouvel horizon éthique a un impact sur l'organisation des églises. Ce qui l'a étonné, c'est l'*éthos* démocratique qu'il a observé jusqu'au sein de l'Église catholique des États-Unis dans les années 1830[8].

Par ailleurs, Tocqueville a bien reconnu l'ambivalence de la démocratie. Dans deux chapitres bien connus, il explore les risques qui menacent la société égalitaire : égoïsme excessif, conformité à l'opinion de la majorité, crainte d'une pensée autonome et, éventuellement, démission naïve devant une opinion publique manipulée par l'État. La démocratie, fait-il valoir, peut donner naissance à une nouvelle forme de despotisme[9]. Néanmoins, estime Tocqueville, les valeurs engendrées par les institutions démocratiques fournissent les ressources éthiques nécessaires pour résister à ces dangereuses tendances. Ce grand penseur social, qui écrivait dans les années 1830, n'a pas prévu que le libéralisme naissant, issu des Lumières, trahirait son propre horizon éthique et se détournerait de plus en plus de la solidarité.

Dans l'introduction à son premier volume, Tocqueville offre quelques réflexions théologiques sur la liberté et l'égalité qui rejoignent les problèmes abordés ici. «Lorsqu'on parcourt les pages de notre histoire, on ne rencontre pour ainsi dire pas de grands événements qui

---

8. *De la démocratie en Amérique*, vol. II, 30-31. L'esprit républicain du catholicisme américain a été étouffé quelques décennies plus tard quand l'Église a décidé de se mettre au service des vagues d'immigrants récemment débarqués et qu'elle a été assommée par deux encycliques papales, *Longinqua oceani* (1885) et *Testem benevolentiæ* (1899). Voir Jay P. DOLAN, *In Search of an American Catholicism*, New York, Oxford University Press, 2002, p. 13-70.

9. *De la démocratie en Amérique*, vol. II, 334-348.

depuis sept cents ans n'aient tourné au profit de l'égalité.» (p. 6) Et un peu plus loin: «le développement graduel de l'égalité des conditions est donc un fait providentiel, il en a les principaux caractères: il est universel, il est durable, il échappe chaque jour à la puissance humaine; tous les événements, comme tous les hommes, servent à son développement.» (p. 6-7) Vouloir arrêter la démocratie paraîtrait alors «lutter contre Dieu même». (p. 8) L'ouvrage de Tocqueville fut écrit dans les années 1830, à l'époque où Grégoire XVI publiait *Mirari vos*. L'éthique théologique du laïc catholique était bien différente de celle de l'encyclique papale; elle voyait aussi beaucoup plus loin. Tocqueville écrit:

> Le christianisme, qui a rendu tous les hommes égaux devant Dieu, ne répugnera pas à voir tous les citoyens égaux devant la loi. Mais, par un concours d'étranges événements, la religion se trouve momentanément engagée au milieu des puissances que la démocratie renverse, et il lui arrive souvent de repousser l'égalité qu'elle aime, et de maudire la liberté comme un adversaire, tandis qu'en la prenant par la main, elle pourrait en sanctifier les efforts. (p. 13)

À mon avis, le contraste que fait ressortir Tocqueville entre les horizons éthiques des sociétés aristocratique et égalitaire nous aide à comprendre pourquoi deux documents ecclésiastiques comme *Mirari vos* et *Gaudium et spes* exposent si différemment les préceptes de l'Évangile. Quand l'Église entre dans un nouveau contexte culturel, elle doit se demander comment interpréter le message chrétien de manière adéquate. Bien entendu, le nouveau contexte culturel n'est pas exempt d'ambiguïté : la condition humaine ne peut jamais échapper à l'effet de distorsion du péché humain. Il revient à l'Église de distinguer dans la nouvelle culture les éléments qui sont conformes à l'Évangile de ceux qui menacent la justice et la paix chez les gens et les empêchent de se réconcilier avec Dieu. À mesure que l'Église passe d'un horizon éthique à l'autre, il est inévitable que change son enseignement. Nous l'avons vu, en prônant la liberté, l'égalité et la participation, *Gaudium et spes* défend des aspirations que condamnait *Mirari vos*. En passant d'un horizon éthique à un autre, l'Église connaît des moments de discontinuité dans l'exercice du magistère. Dans les prochains chapitres, nous verrons de nombreux exemples de tels moments.

Un développement discontinu

Peut-on admettre que l'Église change d'idée ? Nous croyons que l'Église prêche le même Évangile à travers les âges. Comme je l'ai dit au début du présent chapitre, l'Église a toujours été fidèle à lire les Écritures à la lumière des doctrines définies par les premiers conciles œcuméniques, en particulier celles de la Trinité et de l'Incarnation. Mais en interprétant la façon dont ces doctrines éclairent la conscience d'eux-mêmes qu'ont les croyants, leurs rapports entre eux et avec les autres, et leur mission évangélique dans le monde, l'Église est libre de modifier son enseignement si la fidélité à la révélation divine l'exige dans un nouveau contexte historique.

Pour justifier l'audace de son nouvel enseignement sur la liberté religieuse et les droits de la personne, le pape Jean XXIII a introduit la notion de «signes des temps». L'Église n'a pas le droit de continuer d'enseigner la vérité révélée comme si ces événements ne s'étaient pas produits. Nous l'avons vu, cette approche a incité le pape Jean à relire les Écritures pour y découvrir le fondement doctrinal des droits de la personne. Au chapitre 5, nous verrons que l'Église a vu dans l'Holocauste un signe des temps très alarmant, qui exigeait une réaction éclairée par la foi : en relisant le Nouveau Testament, l'Église a été amenée à changer son enseignement sur la place des Juifs dans le dessein de la Providence divine.

Gaudium et spes fait quelques allusions qui semblent évoquer le développement discontinu de la doctrine chrétienne. Au paragraphe 44, nous lisons que l'Église est en dialogue avec la culture dans laquelle elle vit : elle écoute d'abord avec attention les voix qui traduisent de nouvelles découvertes scientifiques, de nouvelles intuitions et de nouvelles expériences spirituelles ; ensuite, elle évalue ces idées à la lumière de l'Évangile chrétien ; et, finalement, dans la mesure où ces idées sont compatibles avec la révélation divine, l'Église les intègre à l'interprétation de sa mission dans le monde.

L'Église n'ignore pas tout ce qu'elle a reçu de l'histoire et de l'évolution du genre humain. L'expérience des siècles passés, le progrès des sciences, les richesses cachées dans les diverses cultures qui permettent de mieux connaître l'homme lui-même et ouvrent de nouvelles voies à la vérité, sont également utiles à l'Église. En effet, dès les débuts de son histoire, elle a appris à exprimer le message du Christ en se servant des concepts et des langues des divers peuples et, de plus, elle s'est efforcée de le mettre en valeur par la sagesse des philosophes. [...] À vrai dire, cette manière appropriée de proclamer la parole révélée doit demeurer la loi de toute évangélisation. (§ 44)

Ce que n'explique pas ce passage, c'est comment l'Église passe d'une inculturation à l'autre – en ce qui nous concerne, de l'inculturation au monde féodal aristocratique à l'inculturation à l'ordre social démocratique. Ce processus entraîne des moments de discontinuité dans l'enseignement officiel de l'Église : nous l'avons vu au sujet de la liberté religieuse et des droits de la personne, et les prochains chapitres nous feront voir d'autres changements du même genre. Dans les périodes de transition, quelle est l'attitude catholique à l'égard du magistère ?

Quand j'étais étudiant à l'université de Fribourg, dans les années 1950, ce qui m'inquiétait dans mes conversations avec la catholique engagée qui travaillait à Pax Romana (je me rappelle son visage mais j'ai oublié son nom, appelons-la Marguerite), c'est qu'elle n'était pas d'accord avec l'enseignement officiel de l'Église, qu'elle défendait le principe de la liberté religieuse et affirmait que les papes se trompaient *sur le fond de la question*. Elle se disait en solidarité avec les minorités protestantes dans certains pays catholiques et ne se laissait pas démonter par le fait que des catholiques étaient victimes de discrimination dans les pays protestants. Elle n'avait pas grande estime non plus pour la distinction entre « la thèse » et « l'hypothèse », qui permettait aux catholiques vivant en minorité de revendiquer pour eux-mêmes la liberté de religion. Elle faisait valoir que la conscience humaine qui se mesurait aux textes sacrés et qui cherchait à obéir à la voix de Dieu méritait le respect de la société et celui de l'Église. Sa franchise me choquait. Comment pouvait-elle être en désaccord avec l'enseignement moral promulgué par les papes pendant tout un siècle ! Plus tard, pendant le Concile, j'ai compris que Marguerite avait raison.

Marguerite aurait-elle dû obéir au magistère ? Je ne le pense pas. Son dissentiment responsable et respectueux se rattachait à un courant théologique au sein de l'Église qui a fini par inciter les papes et les évêques à repenser et à modifier leur enseignement officiel. Il est des contextes historiques où le dissentiment responsable, exprimé sans colère ni ressentiment, rend service à l'Église. Appelons cela le principe de Marguerite.

La Note *du cardinal Ratzinger*

À ma connaissance, il n'existe pas de document ecclésiastique qui se soit attaqué directement aux problèmes théologiques soulevés par les périodes de discontinuité dans l'enseignement officiel de l'Église. Mais la chose tourmente le magistère romain, comme cela ressort de la *Note* du 1er juillet 2001, publiée par la Congrégation pour la

Doctrine de la Foi et signée de la main du cardinal Ratzinger[10]. La *Note* abroge la condamnation de quarante propositions tirées de l'œuvre philosophique d'Antonio Rosmini, condamnation qui remontait à 1887, et entreprend d'expliquer comment le magistère peut poser un tel geste sans se contredire. Le magistère peut-il avoir raison quand il condamne et avoir encore raison quand il lève la condamnation ? Qu'advient-il alors de la vérité ?

Antonio Rosmini (1797-1855) était un célèbre philosophe italien, ardent catholique, dont la réputation de sainteté était largement répandue. Deux de ses livres furent mis à l'Index en 1849, ce qui n'empêcha pas que l'ensemble de son œuvre fût déclarée exempte de soupçon en 1854, un an avant sa mort. Mais le 14 décembre 1887, le décret *Post obitum* du Saint-Office jugeait erronées quarante propositions tirées de ses écrits, dont certains avaient été publiés après sa mort[11]. Depuis le 1er juillet 2001, ces propositions ne sont plus erronées. S'agit-il d'un revirement ?

Le cardinal Ratzinger nie que le magistère ait changé d'idée. Il admet qu'une «lecture superficielle» des événements peut suggérer «une contradiction intrinsèque et objec-

---

10. Parue dans l'*Osservatore romano* des 1er-2 juillet 2001, la *Note sur la valeur des décrets doctrinaux concernant la pensée et les œuvres du R.P. Antonio Rosmini Serbati* a été publiée en français dans *La documentation catholique* des 5 et 19 août 2001.

11. Voir H. DENZINGER, *Enchiridion symbolorum definitionum et declarationum de rebus fidei et morum*, Rome, Herder, 1963, § 3201-3241. (Voir ci-dessous la note 68.)

tive de la part du Magistère». Mais «une lecture attentive», explique-t-il, interprète le décret *Post obitum* «à la lumière de son contexte pour en faire ressortir la véritable portée».

Quel était le contexte des quarante condamnations de 1887? Le cardinal Ratzinger signale d'abord les efforts de Léon XIII dans l'encyclique *Æterni patris* de 1879 pour unifier la formation théologique des futurs prêtres en faisant du néothomisme la philosophie officielle de l'Église. Le néothomisme devenait dorénavant la norme universelle et la pensée religieuse de Rosmini prenait du coup une valeur subversive. Le cardinal Ratzinger indique ensuite que plusieurs passages des écrits de Rosmini étaient ambigus et même, si on les lisait dans une optique néothomiste, carrément erronés, car on pouvait les juger idéalistes, ontologistes ou subjectivistes: ils méritaient donc d'être condamnés par l'Église. La situation était urgente, continue le cardinal, car à l'époque, des philosophes non catholiques interprétaient Rosmini en fonction de leur propre orientation. Le décret *Post obitum* était donc pleinement justifié.

Aujourd'hui, la situation est bien différente. D'abord, selon le cardinal Ratzinger, une recherche sérieuse a établi que si on interprète les passages ambigus et obscurs de Rosmini à la lumière de sa production philosophique, leur sens n'est nullement contraire à la tradition catholique. Deuxièmement, dans son encyclique *Fides et ratio*, Jean-Paul II a accueilli le pluralisme philosophique dans l'Église et même cité avec beaucoup d'estime Antonio Rosmini parmi plusieurs penseurs catholiques du xixe siècle. C'est pourquoi, dans le contexte actuel, la décision de lever les condamnations de 1887 est pleinement justifiée.

La *Note* de juillet 2001 est à ma connaissance le premier document ecclésiastique qui s'attaque aux moments de discontinuité dans l'enseignement de l'Église. Mais la «lecture attentive» du cardinal Ratzinger arrive-t-elle à démontrer que le magistère peut lever la condamnation sans se contredire? Non, me semble-t-il. Il a montré que la condamnation des propositions de Rosmini en 1887 était pleinement justifiée en fonction de la politique pastorale de l'Église et qu'elle pouvait par la suite être abrogée sans qu'il y eût incohérence. Mais il n'aborde pas la question de la vérité en fonction de l'horizon éthique actuel.

On a fait croire à ceux qui ont lu la condamnation en 1887 que ces propositions étaient erronées: *on ne leur a pas dit* qu'elles n'étaient erronées que si on les lisait dans une optique néothomiste et qu'il ne fallait pas en approfondir le sens à l'époque parce que le pape Léon XIII voulait que le néothomisme devienne la philosophie officielle de l'Église. La *Note* établit que la condamnation de 1887 a rempli une fonction ecclésiastique utile, mais non qu'elle s'appuyait sur la vérité. En fait, l'explication du cardinal Ratzinger révèle que le Saint-Office, en ne lisant pas les propositions de Rosmini à la lumière de la pensée de leur auteur, opérait dans un horizon éthique différent des normes aujourd'hui acceptées. Le Saint-Office avait des objectifs tactiques et politiques. À l'époque, il se voyait au service du gouvernement central de l'Église et pesait les idées en fonction de leurs conséquences ecclésiastiques au lieu de les juger sur leur vérité.

L'étude de l'enseignement de l'Église sur la liberté religieuse semble nous obliger à admettre qu'en passant d'un horizon éthique à un autre le magistère peut changer son enseignement. Comme il s'agit là d'une question controversée, il nous faudra y revenir dans de prochains chapitres. Mais Marguerite, de Pax Romana, s'est sûrement réjouie de voir qu'elle appartenait à une Église qui peut changer d'idée.

2

LA PRÉSENCE RÉDEMPTRICE DE DIEU DANS L'HISTOIRE

L'enseignement officiel

La reconnaissance de la présence rédemptrice de Dieu dans l'ensemble de l'histoire de l'humanité constitue un développement extraordinaire sur le plan de la doctrine et de la spiritualité. Au concile Vatican II, c'est dans *Gaudium et spes*, le document conciliaire sur l'Église dans le monde de ce temps, que cette reconnaissance ressort le plus clairement.

Par-delà la séparation entre nature et grâce

Dans le passé, la théologie néoscolastique, l'enseignement des papes et la littérature spirituelle catholique distinguaient et séparaient nettement le domaine de la nature de celui de la grâce, qu'on appelait «l'ordre surnaturel».

L'ordre naturel était l'œuvre de la création divine, ultérieurement entachée par le péché, et l'ordre surnaturel, l'œuvre de la rédemption divine révélée en Jésus Christ. Les dons divins de la foi, de l'espérance et de la charité élevaient les gens à l'ordre surnaturel et leur permettaient de vivre une vie de sainteté. Faute de ces dons – c'est-à-dire en dehors de la communauté des croyants – les gens vivaient dans l'ordre naturel : ils y étaient guidés par la raison et, au moins en principe, pouvaient pratiquer les vertus naturelles, mais ils étaient exclus de l'ordre de la rédemption.

La séparation entre ordre naturel et ordre surnaturel trouvait une expression concrète dans les deux types de discours qu'employait l'Église catholique. Lorsque les papes s'adressaient aux fidèles, ils utilisaient un langage fondé sur la révélation divine ; quand ils parlaient à l'ensemble de l'humanité, leur discours se fondait exclusivement sur la raison et la loi naturelle. L'enseignement social catholique visait la société dans son ensemble et ne faisait donc aucune référence à Jésus Christ : les principes de l'enseignement social catholique étaient formulés à partir d'arguments rationnels qui, supposait-on, avaient une validité universelle. Selon cette logique, le salut et la sainteté appartenaient à l'ordre supérieur de la grâce tandis que la justice sociale et les autres affaires de ce monde relevaient de l'ordre inférieur de la nature.

Comme nous l'avons dit au chapitre précédent, Jean XXIII fut le premier pape à dépasser cette distinction néoscolastique et à citer le nom du Christ dans un enseignement social proposé au monde entier. Dans *Pacem in terris*, on s'en souviendra, le pape Jean a justifié la dignité supérieure des êtres humains en partant de leur création (l'ordre naturel) mais aussi de leur vocation divine (l'ordre de la rédemption). Depuis lors, l'enseignement social catholique fait partie intégrante du message chrétien proclamé par l'Église. Mgr Diarmuid Martin, ancien observateur permanent du Vatican aux Nations unies, définissait récemment l'enseignement social catholique comme «le corpus de principes dérivés de l'Évangile, qui fournit aux croyants chrétiens les critères pour assumer la responsabilité de l'action sociale[12]».

La séparation néoscolastique entre les ordres naturel et surnaturel se reflétait également dans la formation spirituelle donnée dans les séminaires et les communautés religieuses. Les traités classiques sur la prière, la méditation et la sainteté dont on se servait dans ces institutions concernaient l'ordre surnaturel et ne faisaient jamais référence à des enjeux concernant la justice et la paix en société. La pauvreté, le chômage, la guerre, l'immigration et la mauvaise distribution de la richesse – questions dont traitait l'enseignement social catholique – n'étaient jamais mentionnés dans la littérature spirituelle. Ces problèmes, estimait-on alors, relevaient de l'ordre naturel, ordre

---

12. La citation est tirée d'une communication de Mgr Diarmuid Martin, intitulée «Les conférences épiscopales et la justice sociale» donnée à l'assemblée annuelle de la Conférence des évêques catholiques du Canada, le 29 octobre 2003.

inférieur à la vie spirituelle fondée sur la révélation de Dieu en Jésus Christ. Devenir disciple de Jésus n'entraînait à cette époque aucun engagement pour la justice et la paix dans l'ordre politique.

Depuis le pape Jean et le concile du Vatican, l'enseignement social catholique est présenté comme une dimension constitutive du message chrétien : la vie de foi, d'espérance et d'amour à laquelle sont appelés tous les chrétiens comprend l'engagement pour la paix et la justice sociale. Ce développement représente un saut qualitatif sur le plan spirituel : il a eu un impact profond sur les catholiques qui prennent leur foi au sérieux, en particulier sur les membres des congrégations et des ordres religieux. Pour plusieurs d'entre eux, l'obéissance au Christ comprend dorénavant la solidarité avec les victimes de la société.

La séparation néoscolastique des deux ordres affectait aussi notre manière de regarder l'humanité. Nous avions tendance à diviser la famille humaine en deux univers : « l'Église », qui sauvait les gens du péché et les élevait à la vie surnaturelle, et « le monde », composé de non-catholiques, guidé par la raison et la loi naturelle, mais blessé par le péché et interdit d'accès à l'ordre surnaturel. Nous étions convaincus, à l'époque, que les gens à l'extérieur de l'Église n'étaient pas sauvés, de sorte que même leurs vertus ne leur ouvraient pas les portes du ciel. Les grandes prières de la liturgie du Vendredi saint, avant la réforme de Vatican II, divisaient le monde en deux groupes : l'Église catholique, bénie de Dieu, et le reste de l'humanité, formé de schismatiques, d'hérétiques, de juifs et de païens, tous privés de la faveur divine.

Je me rappelle encore le choc que j'ai eu, en 1946, en écoutant une conférence du professeur Anton Pegis au collège St. Michael's de Toronto : il commentait un article de la *Somme théologique* (Ia-IIæ, q89, a6) dans lequel saint Thomas prouve que la grâce de Dieu est offerte à tout être humain dès sa naissance. Thomas utilise un argument aristotélicien. Puisque le choix d'un «moyen» implique qu'on ait choisi une «fin», il faut supposer que dès le premier instant de sa vie consciente l'enfant se voit offrir une orientation vers sa fin, qui est le Dieu invisible. Si l'enfant accueille cette offre, il est délivré du péché originel et entre dans l'état de grâce ; mais advenant qu'il rejette ce don, il reste dans le péché originel, entre dans l'état de péché mortel et vit en conflit avec la grâce divine. J'ai été choqué par cet enseignement parce que j'étais alors convaincu que la grâce divine était médiatisée par la foi et le baptême, et n'était donc pas accessible au «monde». L'argument purement philosophique de Thomas me paraissait contredire la doctrine biblique et l'enseignement de l'Église.

Je ne comprenais pas à l'époque que, pour saint Thomas, l'ordre naturel n'a pas d'existence distincte : il existe toujours dans des conditions historiques spécifiques, soit élevé à l'ordre de la grâce soit captif de l'état de péché. Toute vie humaine, même à l'extérieur de l'Église, est un drame où s'affrontent le péché et la grâce. Je ne savais pas qu'en dépit de son argumentation purement rationnelle

ÉTONNANTE ÉGLISE

Thomas s'inspirait d'une vieille tradition théologique, élaborée par les auteurs chrétiens orientaux, en particulier en Égypte, selon laquelle la Parole éternelle de Dieu, incarnée en Jésus, retentit à travers l'histoire universelle pour appeler les gens à la sagesse et à la sainteté[13]. Cette tradition orientale était arrivée jusqu'à Thomas par l'entremise de Jean Damascène, théologien oriental du VIIIe siècle dont l'œuvre a été largement diffusée en Occident.

Sur quels textes bibliques les auteurs chrétiens d'Orient fondaient-ils leur thèse théologique ? Ils attachaient une grande importance à la présence du Verbe, le Logos, dans le prologue du quatrième évangile.

> Au commencement était le Verbe, et le Verbe était avec Dieu, et le Verbe était Dieu. Il était au commencement avec Dieu. Tout fut par lui, et rien de ce qui fut, ne fut sans lui. En lui était la vie, et la vie était la lumière des hommes, et la lumière brille dans les ténèbres et les ténèbres n'ont pu s'en rendre maîtresses. [...] [Le Verbe] illumine tout homme qui vient dans le monde. (Jn 1, 1-5.9)

Les pères de l'Église orientale voyaient dans ces lignes un écho des textes bibliques qui parlent de la sagesse de Dieu, *Sophia*, créée par Dieu avant le monde et qui accompagne Dieu dans la création du ciel et de la terre.

---

13. On trouvera sur ce thème un recueil de textes patristiques et de commentaires postérieurs dans Jacques Dupuis, *Toward a Christian Theology of Religious Pluralism*, Maryknoll, NY, Orbis Books, 1997, p. 53-83.

Le Seigneur m'a engendrée, prémices de son activité, prélude à ses œuvres anciennes. [...] Quand Il affermit les cieux, moi, j'étais là, quand Il grava un cercle face à l'abîme. [...] Je fus maître d'œuvre à son côté, objet de ses délices chaque jour, jouant en sa présence en tout temps, jouant dans son univers terrestre ; et je trouve mes délices parmi les enfants des hommes. (Pr 8, 22-23.27.30-31)

Pour l'auteur du livre de la Sagesse, cette sagesse de Dieu, personnifiée de manière poétique, parle au cœur de tous les êtres humains.

Car l'artisane de l'univers, la Sagesse, m'a instruit. Il y a en elle un esprit intelligent, saint, unique, multiple, subtil, mobile, distinct, sans tache, clair, inaltérable, aimant le bien. [...] qui peut tout, surveille tout et pénètre tous les esprits, les intelligents, les purs, les plus subtils. Aussi la Sagesse est-elle plus mobile qu'aucun mouvement, à cause de sa pureté, elle passe et pénètre à travers tout. Elle est un effluve de la puissance de Dieu, une pure émanation de la gloire du Tout-puissant. [...] un reflet de la lumière éternelle. (Sg 7, 22.23-25.26)

D'après l'ancienne doctrine chrétienne, la sagesse de Dieu, que le Nouveau Testament révèle être le Verbe incréé incarné en Jésus Christ, continue de parler aux gens en tous lieux, de pénétrer leurs pensées et de toucher leur cœur de sorte que personne n'est privé de la vérité qui peut l'arracher à l'aveuglement, à l'arrogance et au désir de faire le mal. Ce qui se révèle en Jésus Christ, c'est la présence rédemptrice de Dieu dans l'histoire. L'offre de la grâce divine est universelle. Mais il n'y a rien dans la Bible qui garantisse que son acceptation aussi soit universelle.

Cette ancienne théologie n'était pas au foyer de l'attention de l'Église. D'après la doctrine qui a dominé pendant plusieurs siècles, la grâce divine était offerte normalement et habituellement à l'Église ; en conséquence, les autres – hérétiques, juifs et païens – vivaient dans un royaume de ténèbres. C'était l'image qui ressortait des grandes prières du Vendredi saint avant la réforme conciliaire : elle s'appuyait sur la séparation néoscolastique entre les ordres naturel et surnaturel.

Dans les années 1950, Henri de Lubac et Karl Rahner ont apporté des preuves théologiques montrant que la séparation néoscolastique entre les ordres naturel et surnaturel rompt avec une tradition théologique catholique plus ancienne qui reconnaissait l'interaction continue de l'œuvre créatrice et rédemptrice de Dieu dans l'histoire humaine[14]. Ces deux théologiens avaient été influencés par la philosophie de Maurice Blondel qui, déjà à la fin du XIXe siècle, avait reconnu la présence de la grâce divine dans l'aspiration humaine vers le bien et la vérité[15]. Comme Blondel contestait l'école néoscolastique dominante, il n'eut de son vivant qu'un rayonnement limité.

---

14. Voir Henri de LUBAC, *Le mystère du surnaturel*, [Paris], Aubier, 1965 ; Karl RAHNER, *Mission et grâce*, 3 vol., [Tours], Mame, 1962.

15. Maurice BLONDEL, *Lettre sur l'apologétique*, 1896 ; *Histoire et dogme*, 1904 ; *Lettre sur les exigences de la pensée contemporaine en matière d'apologétique et sur la méthode de la philosophie dans l'étude du problème religieux*, 1908.

En étudiant saint Thomas dans les années 1950 à l'université de Fribourg, en Suisse, j'étais encore incapable d'assimiler la doctrine de la présence rédemptrice de Dieu dans l'histoire, même si dans la *Somme théologique* (IIIa, q8, a3), Thomas insistait sur l'idée que le Christ est à la fois tête de l'Église et tête du monde, et que par conséquent sa *gratia capitis*, la plénitude de sa grâce, ne rejoint pas seulement la communauté chrétienne mais l'ensemble de la famille humaine. Nous n'arrivons pas à assimiler rapidement les idées qui changent notre point de vue sur le monde : il y faut souvent plusieurs années.

Au concile Vatican II

Les délibérations au concile du Vatican m'ont laissé une profonde impression. J'ai signalé en introduction que j'avais eu l'honneur d'être nommé *peritus* au Secrétariat pour l'unité, ce qui m'a permis d'être présent dans l'aula conciliaire pendant les quatre sessions du Concile. Je me rappelle un long débat sur la séparation néoscolastique entre les deux ordres de la nature et de la grâce. Pour préparer le document qui allait devenir *Gaudium et spes*, les évêques s'engagèrent dans une discussion sur l'approche à suivre. Certains faisaient valoir que le document devrait parler au monde selon la raison et la loi naturelle, puis s'adresser à la communauté catholique en parlant le langage de la foi. D'autres disaient, au contraire, que la mission de l'Église était de s'adresser au monde au nom de l'Évangile dans l'espoir que, touchés par l'Esprit, des gens deviennent croyants. L'approche qu'on retiendra finalement sera malgré tout nouvelle et originale, et débordera amplement le cadre néoscolastique.

S'il y a une interaction constante dans l'histoire entre les ordres de la création et de la rédemption, si la vie humaine est partout marquée par le péché et néanmoins interpellée par l'Esprit Saint, il devrait être possible de proposer une phénoménologie de l'expérience chrétienne susceptible d'éclairer l'expérience humaine des gens de partout. Le document conciliaire a donc essayé de décrire en langage ordinaire, sans recourir d'abord au vocabulaire chrétien spécialisé, ce que signifie la vie humaine pour les chrétiens, comment ils participent avec d'autres à la construction de la communauté et comment ils conçoivent le travail et l'action sur cette terre. Parce que l'appel divin s'adresse aux gens de partout, les non-croyants devraient pouvoir entendre cette description et découvrir qu'elle éclaire aussi leur expérience. Dans mon commentaire sur *Gaudium et spes*, paru tout de suite après le Concile, j'expliquais que cette nouvelle approche était devenue possible parce que le document conciliaire sur l'Église, *Lumen gentium*, avait déjà affirmé que la grâce divine est à l'œuvre non seulement dans l'Église mais dans toute l'histoire humaine pour attirer les gens à la communion entre eux et avec Dieu[16].

---

16. *Pastoral Constitution on the Church in the Modern World*, commentaires de Gregory BAUM et d'autres auteurs, New York, Paulist Press, 1967, p. 4-5. *Lumen Gentium* (§ 2) affirme que Dieu ne prive aucun être humain de l'appel au salut.

D'après *Gaudium et spes*, il est impossible de parler des êtres humains sans dire quelque chose en même temps de leur relation à Dieu. Cette approche rappelle la sagesse des pères de l'Église et fait écho à la théologie contemporaine de Henri de Lubac et de Karl Rahner. Les êtres humains ne sauraient être compris indépendamment de l'appel divin qui leur est adressé. «Par son incarnation, nous dit *Gaudium et spes*, le Fils de Dieu s'est en quelque sorte uni lui-même à tout être humain. [...] le Christ manifeste pleinement l'homme à lui-même et lui découvre la sublimité de sa vocation.» (§ 22) Alors que dans la théologie néoscolastique, le fait de connaître la nature humaine nous permettait de savoir quelque chose de l'homme Jésus, *Gaudium et spes* retourne l'argument et affirme que Jésus nous révèle à nous-mêmes qui nous sommes en tant qu'êtres humains. La condition humaine comprend l'appel gratuit, la vocation divine à l'amitié mutuelle et à l'amitié avec Dieu. On nous dit que l'injonction éthique perçue dans la conscience est un écho de la voix de Dieu: ainsi se révèle une «loi qui s'accomplit dans l'amour de Dieu et du prochain». (§ 16) C'est dire qu'en écoutant la voix de leur conscience, les gens participent au drame «surnaturel» du salut. «Puisque le Christ est mort pour tous et que la vocation dernière de l'être humain est réellement unique, à savoir divine, nous devons tenir que l'Esprit Saint offre à tous, d'une façon que Dieu connaît, la possibilité d'être associé au mystère pascal.» (§ 22)

Au concile du Vatican, cette idée n'a pas trouvé à s'exprimer dans tous les documents. Pour préparer le présent chapitre, je me suis reporté aux commentaires que j'avais rédigés au lendemain du Concile et j'ai retrouvé un article sur la suite des discussions au Secrétariat pour l'unité autour de la *Déclaration sur la liberté religieuse* dont on lui avait confié la responsabilité[17]. Les papes avaient rejeté le principe de la liberté religieuse au XIXe siècle. Le caractère démocratique et pluraliste de la société moderne obligeait l'Église à repenser sa position officielle et à proclamer le droit à la liberté religieuse. Mais sur quelles bases? La première rédaction affirmait que l'amour du prochain enseigné par Jésus Christ exige que nous respections les personnes qui ne pensent pas comme nous et nous interdit de recourir à la force pour les empêcher d'exprimer leurs opinions. Un vieux principe indique, en outre, qu'il faut suivre sa conscience: on doit s'efforcer d'éclairer sa conscience mais, advenant même que celle-ci soit objectivement dans l'erreur, on est tenu de la suivre. Même erronée, la conscience commande le respect. Les théologiens scolastiques admettaient ce principe mais sans l'appliquer aux personnes qui n'acceptaient pas l'enseignement officiel de l'Église[18].

---

17. Gregory BAUM, «Declaration on Religious Freedom – Development of Its Doctrinal Basis», *The Ecumenist* 4 (1966), p. 121-126.

18. Au XVIe siècle, à l'époque de la Réforme, l'Église catholique continuait de justifier le fait de brûler les hérétiques. La bulle *Exsurge Domine*, promulguée par Léon X le 15 juin 1520, condamne une liste d'erreurs attribuées à Luther, notamment la thèse voulant qu'il soit contraire à la volonté de Dieu de brûler les hérétiques. (Denzinger, N° 1483)

On critiqua la première rédaction parce qu'elle défendait la liberté religieuse en s'appuyant sur un argument subjectif : la conscience individuelle. Plusieurs évêques réclamaient un argument de nature objective pour garantir la liberté religieuse. La deuxième rédaction de la déclaration s'est donc tournée vers la théologie dont s'inspirait *Gaudium et spes*. Le fondement objectif de la liberté religieuse devenait la *vocatio divina* des êtres humains, l'injonction divine présente dans leur conscience, la réalité objective sur laquelle s'appuie la liberté personnelle pour chercher sans entraves la vérité ultime. La dignité des êtres humains ne vient pas seulement de ce qu'ils sont créés à l'image de Dieu mais de leur vocation divine à participer à l'ordre de la grâce. Cette idée, comme nous l'avons signalé, avait été exprimée par Jean XXIII dans *Pacem in terris*. Dans *Gaudium et spes*, nous lisons que «l'aspect le plus sublime de la dignité humaine se trouve dans cette vocation de l'homme à communier avec Dieu». (§ 19)

Mais l'argument de la deuxième rédaction allait se heurter aux *non placet* d'un grand nombre de pères conciliaires. Le Secrétariat a donc produit une troisième rédaction axée davantage sur la raison et sur la loi naturelle. On revenait à la séparation entre l'ordre de la nature et l'ordre de la grâce, ce qui offrait l'avantage d'affranchir de la théologie l'argumentation en faveur de la liberté religieuse et de fournir des raisons philosophiques qui avaient à l'époque une portée plus universelle. La dignité des êtres humains, qui interdisait de faire obstacle à l'exercice de leur quête religieuse, se fondait sur leur nature raisonnable, leur intelligence et la responsabilité qu'ils ont de chercher le vrai sens de leur existence. Même si certains évêques étaient désolés de ce repli sur l'ancienne séparation entre la nature et la grâce, c'est finalement la troisième rédaction qui fut acceptée par le Concile. Le débat sur les fondements de la liberté religieuse est un bon exemple du temps qu'il faut à une communauté pour accepter les idées nouvelles.

Il existe, par contre, un exemple frappant de l'affirmation de la présence rédemptrice de Dieu dans la vie de tous les êtres humains. C'est la première phrase de *Gaudium et spes*, texte qui me donne encore des frissons :

> Les joies et les espoirs, les tristesses et les angoisses des hommes de ce temps, des pauvres surtout et de tous ceux qui souffrent, sont aussi les joies et les espoirs, les tristesses et les angoisses des disciples du Christ. (§ 1)

Cette expression de solidarité universelle est une nouveauté dans la vie de l'Église. Auparavant, les tristesses et les angoisses des autres – protestants, juifs et athées – ne nous préoccupaient guère. Je ne peux me rappeler aucun texte catholique antérieur à la Deuxième Guerre mondiale qui exprime la solidarité des catholiques avec le reste de l'humanité, à commencer par les pauvres et les gens qui souffrent. Dans les prochains chapitres, nous étudierons en détail le développement doctrinal qui a modifié l'attitude de l'Église à l'égard des « autres » pour l'amener à étendre sa solidarité aux membres des autres grandes religions et à faire «une option préférentielle pour les pauvres». Pour beaucoup de catholiques, la première phrase de *Gaudium et spes* révèle le mystère de l'amour de Dieu, résume le sens de l'Évangile et exprime la motivation spirituelle qui leur permet de demeurer fidèles au catholicisme tout en étant en désaccord avec une partie de l'enseignement de l'Église en matière de morale.

Réflexions théologiques

Quelles furent les expériences historiques et les conditions sociales qui ont poussé des théologiens comme Henri de Lubac et Karl Rahner à déterrer l'ancienne christologie du Logos et à reconnaître la présence rédemptrice de Dieu dans l'histoire humaine ? À mon avis, leur évolution théologique a quelque chose à voir avec la vie dans une société pluraliste et la prise de conscience d'une communion spirituelle avec des non-croyants qui luttent pour la justice et résistent à la domination. Certaines situations ont amené les chrétiens à découvrir que leur combat spirituel est très proche de celui que vivent dans le monde des gens engagés. Même mise en demeure de la conscience, même amour de la justice et de la vérité, même débat avec la fidélité, même crainte de trahir, même conviction que l'engagement éthique est la réponse à quelque chose d'objectif, quelque chose de plus grand que soi, quelque chose qui revêt une importance universelle. La résistance à la domination politique et culturelle du fascisme dans l'Europe des années 1930 a souvent créé une communion spirituelle entre des personnes aux antécédents bien différents, les unes profondément religieuses et les autres carrément profanes.

Je me rappelle l'expérience qui m'a fait découvrir que l'Esprit est à l'œuvre dans la vie des gens quelle que soit leur attitude sur le plan religieux. Dans l'introduction à *Man Becoming*, je raconte qu'à la fin des années 1950, tout en poursuivant mes études à l'université de Fribourg, je travaillais dans une paroisse de Neuchâtel : après avoir vécu un certain temps en retrait du monde, j'entrais de nouveau en contact avec des croyants et des non-croyants qui m'associaient aux événements importants de leur vie. C'est à cette époque que j'ai acquis la conviction que le même drame intérieur se joue chez les chrétiens comme chez les autres : les gens font face aux mêmes défis, éprouvent les mêmes peurs, entendent le même appel à servir leur prochain et voient se présenter les mêmes occasions de transformation créatrice ou de changement destructeur. Comme je l'explique ensuite, cette nouvelle façon de voir les choses m'a passablement troublé car je la croyais contraire à l'enseignement officiel de l'Église[19]. Si j'ai été réconforté par les écrits de Blondel et de Rahner, c'est qu'ils proposent une théologie catholique qui reconnaît la présence rédemptrice de Dieu dans l'ensemble de l'histoire. Plus tard, pendant le concile du Vatican, j'ai été profondément touché par le texte de *Gaudium et spes* (§ 22) qui affirme que tout être

---

19. Gregory BAUM, *Man Becoming*, [1970], New York, Seabury, 1979, p. viii.

humain se voit offrir «d'une façon que Dieu seul connaît, la possibilité d'être associé au mystère pascal».

J'ai écrit *Man Becoming* pour montrer comment le fait de reconnaître la présence rédemptrice de Dieu dans l'histoire entraîne des conséquences théologiques considérables et ouvre la voie à une relecture libératrice de la tradition catholique. Le livre tentait d'explorer la signification de l'immanence rédemptrice de Dieu : comment la grâce imméritée de Dieu fonde les efforts de l'humanité pécheresse pour construire une communauté d'amour, de justice et de paix. Parce que la grâce divine est, en définitive, Dieu qui se donne, Dieu qui habite ou Dieu qui est présent dans la vie humaine, je faisais valoir qu'au lieu de concevoir Dieu comme un souverain céleste gouvernant le monde d'en haut, nous devrions préférer les titres bibliques de Dieu, *Amour*, *Lumière* et *Vie*, qui suggèrent que la puissance de la grâce de Dieu soutient la vie humaine de l'intérieur. L'immanence rédemptrice de Dieu arrache les gens aux pièges du monde déchu et soutient la quête d'épanouissement de leur véritable humanité. Mon livre soulignait que ce n'est pas négliger la transcendance de Dieu que de mettre d'abord l'accent sur la présence de la grâce divine dans la vie humaine. On comprend alors la transcendance divine comme le mode de l'immanence divine : si Dieu est présent dans la vie humaine, Dieu ne s'identifie jamais à elle, n'est jamais déterminé par elle, jamais contraint par elle, jamais limité par elle, jamais asservi par elle, toujours et à jamais transcendant.

Ces idées reprennent la doctrine chrétienne classique à l'effet que Dieu n'est pas un objet de l'esprit humain. Les choses du monde sont pour notre esprit des objets que nous essayons de connaître et de comprendre. Mais Dieu n'est pas un objet comme ceux-là. Si Dieu était regardé comme un objet que nous essayons de connaître, Dieu ferait partie du monde et ne serait plus du tout Dieu. Dans le langage de saint Thomas, Dieu n'appartient à aucun *genus*[20], que ce soit celui des objets, des êtres ou des personnes. Dieu n'est pas « ce que » nous cherchons à connaître et à comprendre mais plutôt « ce grâce à quoi » nous connaissons et comprenons. Les anciens maîtres chrétiens prenaient l'image de la lumière : la lumière, disaient-ils, n'est pas « ce que » nous voyons, mais « ce grâce à quoi » nous voyons. D'après les anciens, notre quête de la vérité participe de la Lumière divine, nos diverses façons d'aimer participent de l'Amour divin, et l'élan créateur en nous est une participation à la Vie divine. Le Dieu trinitaire est ici le mystère de grâce qui rend possible l'humanité.

Quand j'ai écrit *Man Becoming*, comme le titre l'indique, je ne connaissais pas la réflexion théologique féministe. Avec un peu de recul, cependant, je vois bien qu'en partant de l'immanence créatrice et rédemptrice de Dieu, nous nous représentons Dieu comme la matrice de notre existence, comme la puissance qui nous fait naître et grandir, ce qui nous permet d'en finir avec l'image

---

20. *Summa theologiæ*, Ia, 13, 5.

patriarcale de Dieu, souverain céleste. Pour Thomas d'Aquin, Dieu était «l'être subsistant en soi», «le moteur immobile» et «l'acte premier», autant d'images qui peuvent ne pas nous plaire à cause de leur caractère abstrait, mais qui n'avaient rien de patriarcal. Ici, l'être de Dieu fonde et soutient tous les êtres, il les fait progresser vers leur épanouissement. Le Dieu qui transparaît dans ce langage aristotélicien est un mystère d'enfantement, la puissance de la parturition qui pénètre l'univers de part en part.

Pourquoi la présence rédemptrice de Dieu dans l'histoire prend-elle autant d'importance pour moi dans ce livre qui traite de la nouvelle façon de concevoir la mission de l'Église dans le monde? Il me faut ici faire l'aveu de mes convictions profondément augustiniennes: le bien que nous faisons est avant tout le bien que Dieu fait en nous. J'ai toujours été profondément impressionné par le combat d'Augustin contre l'optimisme de Pélage au sujet du pouvoir de la volonté et de notre liberté de choisir le bien. Je me rappelle le malaise qu'éveillaient en moi tant de sermons dominicaux où le prédicateur exhortait ses ouailles à multiplier leurs efforts pour faire le bien, transformant du coup la Bonne Nouvelle en une série d'exigences que Dieu nous imposerait. Après avoir subi un de ces sermons, je me précipitais à ma chambre au monastère, prenais sur la tablette mon recueil de textes ecclésiastiques[21]

---

21. Je me servais d'un recueil de documents ecclésiastiques établi par Josef NEUNER, ouvrage qui a plus tard été publié en anglais sous le titre *The Christian Faith in the Documents of the Catholic Church*, New York, Alba House, 1982.

et relisais les actes du deuxième concile d'Orange (au vi[e] siècle), qui enseignaient que c'est Dieu qui a l'initiative dans la foi et dans toutes les bonnes œuvres que nous faisons, dénonçant du même coup la confiance indue envers le pouvoir de la volonté humaine. Quand nous passons des ténèbres à la lumière, de l'égoïsme à l'amour d'autrui, du ressentiment au pardon, du cynisme à la gravité morale, de l'indifférence au souci de la justice, des blessures causées par notre héritage de péché à l'ouverture, à la liberté et au dépassement, c'est chaque fois la grâce de Dieu qui agit en nous. Le combat social pour la justice, les mouvements pour la libération, les efforts pour protéger la terre, l'aide aux réfugiés et aux plus faibles… autant de gestes suscités par la grâce de Dieu, même s'ils n'échappent pas complètement à l'ambiguïté de la condition humaine.

Voici un passage de la conclusion de mon livre *Religion and Alienation*, dans lequel j'entreprends d'élaborer une théologie critique, d'examiner les conséquences politiques de la foi chrétienne et de promouvoir l'engagement chrétien pour la transformation du monde. Tout en mettant l'accent sur l'action, j'évite de m'en remettre au seul pouvoir de la volonté :

> Dans la perspective chrétienne, action égale passion. Nous voyons en même temps que nous sommes éclairés ; nous agissons mais nous nous sentons aussi poussés à intervenir ; nous aimons en étant sauvés de l'égoïsme et nous nous ouvrons aux autres dans la solidarité en recevant la liberté

intérieure pour franchir une frontière après l'autre. Chaque pas vers une plus grande humanisation est dû à une expansion du renouveau de vie de la grâce en nous. Nous sommes vivants du fait d'une puissance qui nous transcende[22].

La théologie de la présence de Dieu est parfois mal comprise. Certains théologiens ont estimé que cette théologie n'établit pas une distinction adéquate entre le profane et le sacré. Ils y perçoivent un «horizontalisme» qui négligerait le «verticalisme» du rapport entre Dieu et les gens. Ils souhaitent distinguer entre le combat quotidien de l'existence humaine séculière (l'ordre naturel) et la vie spirituelle (l'ordre surnaturel) qui nous devient accessible quand nous nous retirons des préoccupations terrestres pour nous tourner exclusivement vers Dieu. Pour ces théologiens, l'histoire comme telle n'a pas de valeur salvifique : elle n'est qu'un terrain d'exercice pour une vie supérieure dans le présent et pour la vie éternelle dans l'âge à venir. C'est ainsi, me semble-t-il, que nous envisagions l'existence chrétienne avant d'être secoués par le renouveau théologique qu'a validé *Gaudium et spes*. Désormais, nous reconnaissons que l'existence terrestre des êtres humains est en fait le lieu du don que Dieu fait de lui-même en arrachant les gens au péché et en leur permettant de vivre une vie d'amour, de justice et de paix. Ce qu'est la mission de l'Église, dans ce contexte, nous allons le voir dans les prochains chapitres.

---

22. Gregory BAUM, *Religion and Alienation*, New York, Paulist Press, 1975, p. 291.

Un autre malentendu tire dans la direction opposée. Ici, la présence rédemptrice de Dieu dans la vie humaine est interprétée comme une dérive évolutionniste orientée par Dieu vers une réconciliation finale de la famille humaine dans la vérité, l'amour et la justice. On présente souvent Teilhard de Chardin comme le prophète d'un évolutionnisme historique marqué ainsi par la grâce. Mais ce n'est pas là du tout ce que j'ai à l'esprit, pas plus que cela ne fait partie du renouveau théologique implicite dans *Gaudium et spes*. Chacun des pas que font les humains dans le sens de l'amour, de la justice et de la paix reste vulnérable au péché, à la corruption et à la déprime, chacun exige un nouveau départ et de nouveaux efforts. La conscience augustinienne que j'ai du péché me préserve de penser en termes évolutionnistes.

La reconnaissance de la présence rédemptrice de Dieu dans l'histoire appelle une théologie de l'histoire qui se situe entre deux extrêmes : d'un côté, l'idée qu'à la lumière des dons supérieurs de Dieu l'histoire humaine sur terre n'a pas de sens et, de l'autre, l'idée qu'à la lumière des dons supérieurs de Dieu l'histoire évolue vers l'unification et la pacification de l'humanité dès ici-bas. L'histoire a un sens parce que Dieu appelle les êtres humains à créer les conditions de la justice et de la paix. Nous ne pouvons pas, au nom de la foi, nous détourner de l'histoire et cultiver l'indifférence à l'égard de ce qui se passe ici-bas. L'histoire est le lieu de l'action rédemptrice de Dieu. Par ailleurs, parce que toute réalisation sociale reste menacée de distorsion, il peut nous arriver de subir des catastrophes sociales et il nous faut recommencer à lutter pour des conditions qui favorisent la justice et la paix. La grande différence entre ce combat social continu et le mythe grec de Sisyphe, condamné à pousser pour l'éternité un rocher qui retombe indéfiniment au pied de la montagne, c'est que dans ce drame historique les chrétiens rencontrent le Dieu de grâce et travaillent à l'avènement du règne de Dieu au-delà de l'histoire. Nous avons besoin d'une théologie de l'histoire qui vienne valider notre engagement social, mais qui nous protège aussi des théories qui promettent de nous faire entrer sur terre dans le royaume de la liberté.

Si Dieu n'est pas le dirigeant céleste mais la matrice de la grâce du développement humain, comment concevoir la providence divine ? Après l'Holocauste, les théologiens juifs et chrétiens se sont demandé s'il est encore possible de concevoir Dieu comme le dirigeant céleste qui veut le bien, mais en acceptant que se produise du mal, ce qui donne une place à l'Holocauste dans la providence divine. Dans un article que j'ai récemment fait paraître sur l'idée de providence divine après la Deuxième Guerre mondiale, je défends avec passion l'idée que ce ne sont pas tous les moments de l'histoire qui font partie de la providence de Dieu, mais seulement les événements historiques de grâce et de libération[23]. Dieu n'a pas signé d'autorisation pour

---

23. Gregory Baum, « The Idea of Providence After World War II », *The Ecumenist* 39 (hiver 2002), p. 6-13.

Auschwitz ou pour les autres horreurs commises par l'homme. Mon article rappelle que j'ai exposé dans *Man Becoming* une théologie de l'immanence qui me permettait d'affirmer que Dieu n'est pas un roi céleste qui régit le monde depuis là-haut mais une présence personnelle de grâce, à l'intérieur de l'histoire, qui convoque les gens par la Parole et par l'Esprit à devenir personnes et communauté. Cette approche m'a permis de formuler une théologie de la divine providence qu'on peut reprendre sans avoir à fermer les yeux sur Auschwitz[24].

Dieu n'est pas un souverain céleste qui régit l'histoire humaine et qui, sans vouloir que rien n'arrive de mal, autorise néanmoins ce qui se fait de mal. Non, des événements comme l'Holocauste sont totalement contraires à la volonté de Dieu. Dieu n'entrouvre pas la porte de l'histoire aux puissances du mal. Le mal est purement et simplement contraire à la volonté divine. « Dieu est lumière, il n'y a pas de ténèbres en lui. » (1 Jn 1, 5) Il y a une opposition radicale entre Dieu et le mal. Dieu ne permet pas le mal ; Dieu se dresse contre le mal, il le condamne et le transcende. Dieu est constamment à l'œuvre au milieu des êtres humains, il les appelle et les soutient pour qu'ils discernent le mal, qu'ils luttent contre lui, qu'ils s'en détournent, qu'ils coopèrent avec d'autres pour le vaincre et, s'ils y sont appelés, pour qu'ils donnent leur vie en sacrifice pour s'y opposer. Je conclus en disant que ce ne sont

---

24. Gregory BAUM, *Man Becoming*, p. 241-249.

pas tous les événements de l'histoire humaine qui relèvent de la divine providence, mais seulement ceux qui sont le fruit de la grâce divine. Sont providentiels tous ces événements qui manifestent la miséricorde divine et le salut de Dieu, et qui culminent dans la fidélité de Jésus à sa mission sur la croix et dans sa glorieuse résurrection qui réhabilite toutes les victimes de l'histoire. L'avènement de Dieu est toujours libération, guérison, redressement et étreinte.

Puisque Dieu est amour, il m'a semblé qu'il fallait repenser la doctrine traditionnelle sur le châtiment divin. Les théologiens distinguaient autrefois la «volonté antécédente» de Dieu, qui voulait le salut universel, de la «volonté conséquente» de Dieu, subséquente au péché humain, qui voulait aussi dorénavant des fléaux et des punitions à cause des péchés des êtres humains. Je préfère penser que Dieu ne punit pas[25]! Comme le péché disloque l'intégrité humaine et engendre le chaos dans les relations humaines, il dévaste le bien-être humain sur le plan personnel et social et cause ainsi son propre châtiment. La miséricorde de Dieu, que l'Écriture appelle aussi la justice de Dieu, offre gratuitement de rompre le lien qui attache le péché à la punition du péché et arrache les pécheurs à l'autodestruction enclenchée par leurs propres actions. L'enfer n'est pas l'imposition d'une punition divine mais la conséquence du choix des humains qui se sont exclus du bien.

---

25. *Ibid.*, p. 221-232.

Dès lors, d'où vient le mal? Nous découvrons douloureusement que le mal est une dimension de notre existence historique. D'après la tradition chrétienne, l'origine du mal est due au péché des humains et à la chute des anges. Alors que saint Thomas faisait de Dieu la *causa prima* de l'univers, il désignait le genre humain comme *causa prima* du mal[26]. Je me laisse convaincre par une idée que développent plusieurs théologiens contemporains et qui fait écho à une vieille tradition juive : dans l'acte de création, Dieu a laissé de la place au non-divin en restreignant sa propre puissance (*kenosis*) et a ainsi couru le risque de laisser émerger des forces anti-divines[27]. Ainsi, nous reconnaissons que le mal est une puissance au milieu de nous, mais nous professons que Dieu est bon et qu'il n'est aucunement la cause du mal. Il n'y a en Dieu ni ombres ni ténèbres.

Adolfo Pérez Esquivel, qui a été emprisonné et torturé en Argentine à l'époque de la *guerra sucia* et qui devait recevoir par la suite, en 1980, le prix Nobel de la paix, raconte une expérience religieuse qui l'a soutenu en prison. Alors qu'on le ramenait à sa cellule après une séance de torture, il a pu jeter un regard sur une cellule vide dont le mur opposé

---

26. *Defectus gratiæ, prima causa est ex nobis.* (*Summa Theologiæ*, Ia-IIæ, q. 112, a 3, ad 2.)

27. Lucien RICHARD, *Christ : the Self-Emptying of God*, New York, Paulist Press, 1997.

à la porte était maculé de sang; un détenu y avait tracé de son doigt les mots *Dios no mata* – Dieu ne tue pas[28].

Dans *Man Becoming*, je fais valoir que nous devons continuer à parler de la toute-puissance de Dieu. Dieu est tout-puissant en tant que sauveur qui maîtrise le péché et la mort. Ce que veut dire ici la toute-puissance divine, c'est que, quelle que soit la prison où se trouvent les êtres humains, qu'ils se la soient infligée à eux-mêmes ou qu'elle leur ait été imposée de l'extérieur, la puissance salvifique de Dieu les accompagne, leur offre sa consolation, nourrit leur désir de libération, les aide à dépasser l'amertume et le désespoir, et renforce leur espoir de justification dans cette vie ou dans l'âge à venir.

Sans prétendre que cette théologie de l'immanence rédemptrice de Dieu soit proposée telle quelle par la doctrine officielle de l'Église, j'estime qu'elle pointe dans la même direction.

---

28. Reinhard Voss (sous la dir. de), *Versöhnungsprozesse und Gewaltfreiheit*, Idstein, Meinhardt, 1999, p. 24.

3

L'OPTION PRÉFÉRENTIELLE
POUR LES PAUVRES

L'enseignement officiel

L'évolution de l'enseignement social catholique à compter de l'encyclique *Rerum novarum*, de Léon XIII, est un sujet qui m'intéresse depuis quelques dizaines d'années et qui a fait l'objet de plusieurs de mes publications[29]. J'ai été renversé de voir l'Église catholique passer d'une conception organique de la société, axée sur la complémentarité

---

29. Gregory BAUM, «Papal Teaching on Socialism» dans *Catholics and Canadian Socialism*, Toronto, Lorimer, 1980, p. 71-96; «Faith and Liberation: Development Since Vatican II» dans *Theology and Society*, New York, Paulist Press, 1987, p. 3-31; *The Priority of Labour: Commentary on 'Laborem exercens'*, New York, Paulist Press, 1982; (publié conjointement avec R. ELLSBERG) *The Logic of Solidarity: Commentaries on 'Sollicitudo rei socialis'*, Maryknoll, Orbis Books, 1989; «John Paul II's Economic Teaching: A Call for Spiritual, Moral and Structural Conversion» dans *New Catholic Encyclopedia: Jubilee Volume, The Wojtyla Years* (2001), p. 43-52.

des classes sociales et la nécessité de la coopération entre elles, à une vision plus conflictuelle de la société, attentive aux structures de domination et à la victimisation des pauvres et des faibles. C'est en Amérique latine que s'est d'abord opéré le virage vers une lecture conflictuelle de la réalité sociale. Sous l'impact de la théologie de la libération, la Conférence des évêques latino-américains réunie à Medellín, en Colombie, en 1968, a regardé la situation du continent du point de vue des pauvres. Même si la théologie de la libération a été critiquée à l'occasion par le magistère romain pour avoir utilisé certaines catégories marxistes, ce nouveau mouvement théologique n'en a pas moins réussi à ouvrir les yeux des évêques d'Amérique latine et, à travers eux, du pape Paul VI sur les modèles d'exclusion scandaleux, de plus en plus présents dans la société globale. Le Pape et les évêques ont reconnu que la propagation de la misère parmi les peuples du Sud est causée dans une large mesure par l'intrusion du développement industriel et commercial dirigé à partir du Nord et placé au service des intérêts économiques des élites du Nord. L'ouverture à une lecture plus conflictuelle de la société est apparue dans l'encyclique *Populorum progressio*, publiée par Paul VI en 1967, puis dans sa lettre apostolique *Octogesima adveniens* de 1971.

L'enseignement social catholique forme un corpus important, qui comprend l'enseignement officiel des papes, les déclarations et les lettres pastorales des évêques ainsi que les rapports produits par des groupes et des organismes catholiques œuvrant pour la justice sociale. Je ne veux pas décrire ici l'évolution de l'enseignement social catholique ; plusieurs études sérieuses l'ont déjà fait[30]. Ce livre-ci porte avant tout sur la capacité qu'a l'Église de réagir d'une manière novatrice aux défis de l'histoire ; aussi ne relèverai-je dans l'enseignement officiel que quelques changements qui m'ont particulièrement impressionné et qui m'ont fait évoluer vers une nouvelle spiritualité.

L'option préférentielle pour les pauvres

Sur le plan théologique, les évêques qui ont donné le ton au concile Vatican II venaient de Belgique, de France, d'Allemagne et des Pays-Bas, nations économiquement prospères du Nord-Ouest de l'Europe qui avaient tendance à jeter sur le monde un regard plutôt optimiste. Le document conciliaire *Gaudium et spes* reflète une certaine confiance : le capitalisme social, système économique qui avait permis aux sociétés occidentales de passer de la pauvreté à la richesse au lendemain de la Deuxième Guerre mondiale, pouvait être exporté dans le reste du monde et donner des résultats semblables. Le capitalisme social s'inspirait de la théorie économique keynésienne qui, dans les années 1960,

---

30. Donald DORR, *Option for the Poor : A Hundred Years of Vatican Social Teaching*, Maryknoll, NY, Orbis Books, 1983 ; John COLEMAN (sous la dir. de), *One Hundred Years of Catholic Social Thought*, Maryknoll, NY, Orbis Books, 1991 ; Marvin MICH, *Catholic Social Teaching and Movements*, Mystic, CT, Twenty-Third Publications, 1998 ; Joe HOLLAND, *Modern Catholic Social Teaching*, vol. I, New York, Paulist Press, 2003.

avait l'appui de tous les partis politiques (en dehors de l'orbite communiste).

Quand les évêques latino-américains se réunirent à Medellín, en 1968, pour appliquer l'enseignement du concile Vatican II à la vie de l'Église de leur continent, ils ne purent faire leur la perspective occidentale. Ils regardaient le système capitaliste existant non plus à partir du centre, où il produisait une grande richesse, mais depuis la périphérie, où il minait l'économie de subsistance dont dépendait le gros de la population et où il ébranlait les relations sociales qui soutenaient son identité culturelle et religieuse. Les évêques affirmèrent que «la misère qui accable les grandes masses de nos pays est l'expression d'une injustice dont le cri monte vers le ciel[31]». Tout en faisant la part de l'incompétence et de la corruption sur le plan local, ils en voyaient la cause principale dans le système économique capitaliste et son foyer dans le Nord. «Nos pays sont dépendants d'un centre de pouvoir économique autour duquel ils gravitent: souvent nos nations ne possèdent pas leurs biens ou n'ont pas voix au chapitre lorsque se prennent des décisions économiques qui les concernent[32].» «Nous voulons souligner que les premiers responsables de la dépendance économique de nos pays sont des pouvoirs, guidés par une cupidité incontrôlée, qui poussent à une dictature économique et à "l'im-

---

31. *The Medellin Conclusions*, Justice, 1.
32. *The Medellin Conclusions*, Peace, 8.

périalisme international de l'argent" condamné par le pape Pie XI dans *Quadragesimo anno* (1931) et par le pape Paul VI dans *Populorum progressio*[33] (1967). »

Il va sans dire que les évêques latino-américains dénonçaient aussi le système communiste et rejetaient l'interprétation réductionniste et économiste de la société véhiculée par la pensée marxiste. Plusieurs décennies plus tard, quand j'ai découvert la pensée de Karl Polanyi, j'ai regretté que les évêques latino-américains et leurs théologiens n'aient pas connu l'approche critique de ce grand économiste. Dans les années 1940, Polanyi reconnaissait les effets économiques et culturels néfastes de l'économie de marché non réglementée sur les sociétés traditionnelles. Contrairement aux marxistes et aux libéraux, il ne considérait pas ces sociétés comme attardées ou sous-développées. Le modèle régressif, à son avis, était celui du capitalisme industriel. Pourquoi ? Parce qu'il coupait le travail quotidien de la matrice sociale à laquelle appartenaient les travailleurs, ce qui a pour effet d'isoler l'individu et de déstabiliser la collectivité. De cette façon, le bien-être personnel et communautaire n'est plus qu'un appendice du marché. Polanyi admirait les sociétés prémodernes parce que l'activité économique y était encastrée dans les rapports sociaux et assurait ainsi aux gens une place honorable dans leur village ou leur petite ville. Là, les gens ne

---

33. *The Medellin Conclusions*, Peace, 9. Voir aussi *Quadragesimo anno*, § 109 et *Populorum progressio*, § 26.

travaillaient pas pour accumuler de l'argent mais pour conserver le respect dont ils jouissaient dans leur communauté. Polanyi ne voyait pas dans les activités économiques prémodernes des modèles à imiter mais des pratiques dont nous avons beaucoup à apprendre. Il voyait une solution aux maux du capitalisme dans des mouvements sociaux qui cherchent à réinsérer le travail quotidien dans les relations sociales et à soutenir ainsi la communauté et l'identité. Quand j'ai étudié l'œuvre de Polanyi dans les années 1990, j'ai été étonné de l'affinité entre sa pensée sociale et l'enseignement social catholique[34].

La Conférence de Medellín observait la société mondiale depuis la marge, en s'identifiant aux opprimés et aux exclus. La théologie de la libération nomme cette position « l'option préférentielle pour les pauvres », un engagement de foi par obéissance à l'Évangile. Les évêques latino-américains ont suivi cette option et étendu leur solidarité aux masses appauvries de leurs pays. Parce que l'option pour les pauvres se fonde sur la foi, la Conférence de Medellín a eu une profonde influence sur l'enseignement social catholique dans diverses régions du monde.

Le synode mondial des évêques tenu à Rome en 1971 publiait *La justice dans le monde*, document qui regardait le monde en s'identifiant aux victimes de la société :

---

34. Voir Gregory BAUM, *Karl Polanyi on Ethics and Economics*, Montréal, McGill-Queen's University Press, 1996.

Nous avons pu mesurer les graves injustices qui tissent autour de la terre des hommes un réseau de dominations, d'oppressions, d'exploitations qui étouffent les libertés et empêchent une grande partie de l'humanité de participer à la construction et à la jouissance d'un monde plus juste et fraternel. Mais nous avons aussi perçu en même temps un mouvement surgi des profondeurs. [...] Dans des groupes ou des peuples, une prise de conscience s'éveille qui, faisant reculer la résignation ou le fatalisme, les entraîne à leur libération et à la prise en charge de leur destin.

Quel est, d'après la déclaration du synode, le rôle de l'Église dans une telle situation?

[L'Église a vocation] d'être présente au cœur du monde pour annoncer aux pauvres la Bonne Nouvelle, aux opprimés la délivrance, aux affligés la joie. Les espoirs et les forces qui travaillent le monde en profondeur ne sont pas étrangers à la dynamique de l'Évangile qui, par la puissance de l'Esprit Saint, libère les hommes de leur péché personnel et de ses conséquences dans la vie sociale. [...] Le combat pour la justice et la participation à la transformation du monde nous apparaissent pleinement comme une dimension constitutive de la prédication de l'Évangile qui est la mission de l'Église pour la rédemption de l'humanité et sa libération de toute situation oppressive[35].

Ce que dit ce texte de l'annonce de l'Évangile et de la rédemption apportée par le Christ est tout à fait

---

35. Pour les deux citations de *La justice dans le monde*, voir *La documentation catholique*, 1600 (2 janvier 1972), p. 12.

remarquable, et nous allons y revenir tout de suite. Remarquons, pour l'instant, qu'en 1971 le Synode mondial des évêques décide de regarder le monde et de lire l'Écriture du point de vue des pauvres et des opprimés.

Réunis à Puebla, au Mexique, en 1979, les évêques latino-américains prônent «l'option préférentielle pour les pauvres», adoptant ainsi le vocabulaire de la théologie de la libération. Un chapitre de leur déclaration définit leur option et explique sa pertinence dans le contexte latino-américain. Les évêques le reconnaissent, cette option suscite des divisions dans l'Église et dans la société mais, expliquent-ils, elle n'est rien d'autre qu'un acte d'obéissance au message biblique révélé dans le récit de l'Exode, dans les livres prophétiques et dans la prédication de Jésus. «Nous affirmons, ajoutent-ils alors, qu'il est nécessaire que toute l'Église se convertisse à l'option préférentielle pour les pauvres, option qui vise leur libération intégrale[36].» Les évêques parlent de libération «intégrale» pour indiquer que la libération ne porte pas que sur la pauvreté économique: elle affranchit aussi le peuple des effets déshumanisants de la culture dominante et lève les obstacles du péché et de la souffrance qui le tiennent éloigné de Dieu.

L'option préférentielle pour les pauvres telle que nous la décrivons dans ce chapitre suppose un double engagement: (1) sur le plan herméneutique, elle exige que nous lisions la société et les textes sacrés du point de vue des

---

36. Texte du document final de Puebla.

pauvres et (2) sur le plan de la charité, elle exige que notre solidarité s'étende à la lutte que mènent les pauvres pour plus de justice. La première dimension est de l'ordre de la connaissance, la seconde de l'ordre de l'amour. La théologie de la libération qualifie l'option pour les pauvres de «praxis» parce que ces deux dimensions se soutiennent mutuellement et interagissent constamment l'une avec l'autre. L'analyse sociale critique nous convainc qu'il faut agir pour transformer les structures d'oppression, et la solidarité avec les victimes nous fait voir plus clairement les failles de notre société.

Les évêques canadiens ont été fortement influencés par l'évolution de l'enseignement social catholique en Amérique latine. Ils ont endossé l'option préférentielle pour les pauvres dans plusieurs déclarations publiques. Dans leurs *Jalons d'éthique et réflexions sur la crise économique actuelle* de janvier 1983, texte qui a provoqué la consternation des milieux gouvernementaux, on lit:

> Comme chrétiens, nous sommes appelés aujourd'hui à suivre Jésus Christ en nous solidarisant avec les victimes d'injustice, en analysant les racines des attitudes et structures sources de souffrance humaine, et en soutenant le pauvre et l'opprimé dans leurs luttes pour la transformation de la société[37].

---

37. On peut trouver le texte de la déclaration dans *La justice sociale comme Bonne Nouvelle. Messages sociaux, économiques et politiques des évêques du Québec 1972-1983* (recherche et présentation de Gérard ROCHAIS), Montréal, Bellarmin, 1984, p. 66-78.

À la suite de la réaction de certaines personnalités haut placées au Canada, les évêques ont publié un deuxième document, en décembre 1983, intitulé *Réflexions éthiques sur l'avenir de l'ordre socio-économique du Canada*. Ce texte faisait ressortir la méthode à la base de leurs réflexions éthiques inspirées par la foi. Elle comporte cinq étapes:

1) être présent et écouter les expériences des pauvres, des marginaux, des opprimés dans notre société;

2) faire une analyse critique des structures économiques, politiques et sociales qui sont la cause de la souffrance humaine;

3) à la lumière des principes évangéliques de l'Évangile et de l'enseignement social de l'Église, porter des jugements sur les valeurs et les priorités sociales;

4) stimuler la réflexion et l'action créatrice en ce qui a trait à des visions et des modèles nouveaux en vue du développement social et économique;

5) agir en solidarité avec les groupes populaires dans leur lutte pour la transformation des structures économiques, politiques et sociales sources d'injustices[38].

Comme l'approche radicale des évêques canadiens avait été l'objet de sévères critiques et qu'elle avait même été condamnée par celui qui était alors archevêque de

---

38. Conférence des évêques catholiques du Canada, *Choix éthiques et défis politiques. Réflexions éthiques sur l'avenir de l'ordre socio-économique du Canada*, Ottawa, 1983.

Toronto, les Canadiens se demandaient si, lors de sa visite au Canada en 1984, le pape Jean-Paul II allait appuyer les évêques dans leur option préférentielle pour les pauvres. Il l'a fait. Reprenant une déclaration des évêques, le Pape a déclaré :

> Les besoins des pauvres doivent avoir priorité sur les désirs des riches, les droits des travailleurs sur la maximisation des profits, et la préservation de l'environnement sur l'expansion industrielle incontrôlée, et la production répondant aux besoins sociaux sur la production à des fins militaires[39].

L'option préférentielle pour les victimes de la société a trouvé place dans de nombreuses déclarations du pape Jean-Paul II. Dans *Laborem exercens*, il a défendu le mouvement des travailleurs qui luttent pour la justice sociale dans la société industrielle, et il a exigé que tous les citoyens lui accordent leur appui.

> Pour réaliser la justice sociale dans les différentes parties du monde, […] il faut toujours qu'il y ait de nouveaux mouvements de solidarité des travailleurs et de solidarité avec les travailleurs. Une telle solidarité doit toujours exister là où l'exigent la dégradation sociale du sujet du travail, l'exploitation des travailleurs et les zones croissantes de misère et même de faim. L'Église est vivement engagée dans cette cause, car elle la considère comme sa mission, son service, comme un test de sa fidélité au Christ, de manière à être vraiment l'«Église des pauvres». (§ 8)

---

39. Gregory BAUM, « The Labour Pope in Canada », *The Ecumenist* 23 (janvier-février 1985), p. 19.

À de nombreuses reprises, lors de ses voyages dans les pays du Sud, Jean-Paul II a pris le parti des pauvres, c'est-à-dire de la grande majorité, pour dénoncer en leur nom les structures injustes qui les oppriment. On en a un exemple fameux dans son discours à Cuilapan, au Mexique, en janvier 1979, où il s'adressait à des centaines de milliers d'indigènes d'Oaxaca et du Chiapas[40]. Le Pape leur promettait de se faire leur porte-parole, la voix de ceux qui ne peuvent pas se faire entendre ou qu'on a réduits au silence. Il a exprimé leurs longues souffrances, leurs espoirs déçus et il a accusé les puissants au pouvoir d'être responsables des conditions d'oppression qui causent la faim et la misère des pauvres et les dépouillent de leur dignité d'enfants de Dieu. Il lisait la société mexicaine du point de vue des pauvres et appuyait publiquement leur combat pour la justice.

Lors de sa visite au Canada en 1984, Jean-Paul II a déploré le fait que le Nord ne cesse de s'enrichir tandis que le Sud devient encore plus pauvre.

> Les peuples pauvres, les nations pauvres – et il faut entendre par là différentes sortes de pauvreté : non seulement le manque de nourriture, mais également la privation de liberté et des autres droits humains – jugeront ceux qui leur enlèvent ces biens en se réservant le monopole impérialiste de la suprématie économique et politique, aux dépens des autres[41].

---

40. *Origins*, vol. 15, Nᵒ 34 (8 février 1979), p. 544.

41. Homélie prononcée à Edmonton, le 17 septembre 1984 ; voir *Jean-Paul II au Canada. Tous les discours*, Montréal, Éditions Paulines, 1984, p. 218.

Je ne prétends pas que le pape Jean-Paul II ait constamment appuyé l'option préférentielle pour les pauvres. Certaines de ses déclarations reflètent une option préférentielle pour l'institution ecclésiastique ou pour la prééminence de la fonction papale. Une organisation internationale aussi gigantesque que l'Église catholique a besoin de grandes ressources financières : elle doit donc cultiver ses relations avec les milieux financiers. À mon avis, ces liens expliquent l'attitude ambiguë du magistère romain à l'égard de la théologie de la libération latino-américaine, qu'il critique à certains moments pour en faire l'éloge à d'autres. Quand les évêques brésiliens ont exprimé leur désarroi face à l'évaluation négative qu'avait faite de la théologie de la libération la Congrégation pour la Doctrine de la Foi, Jean-Paul II a clarifié sa propre position. Dans une lettre qu'il leur adressa le 13 mars 1986, on lit que « la théologie de la libération peut exister et qu'elle doit exister. […] nous devons poursuivre cette réflexion, la tenir à jour et l'approfondir de plus en plus[42] ».

La priorité du travail sur le capital

Dans *Laborem exercens*, le pape Jean-Paul II a exposé sa réflexion sur le travail humain en formulant un principe audacieux, celui de « la priorité du travail sur le capital » – principe qui ne faisait pas partie jusque-là de l'enseignement social catholique. Le Pape a renouvelé l'interprétation du

---

42. *Origins*, vol. 15, N° 42 (3 avril 1986), p. 684.

livre de la Genèse pour y trouver la révélation divine que les êtres humains, créés à l'image de Dieu, sont fondamentalement des travailleurs. (§ 4) Il écrit :

> Le travail est l'une des caractéristiques qui distinguent l'homme du reste des créatures dont l'activité, liée à la subsistance, ne peut être appelée travail ; seul l'homme est capable de travail, seul l'homme l'accomplit et par le fait même remplit de son travail son existence sur la terre. (Intro)

Le Pape voit dans les êtres humains des ouvriers qui, par leur travail, construisent la société ; en travaillant, ils développent, explorent et épanouissent leur potentiel humain.

> La vie de l'homme est construite chaque jour sur le travail, où elle puise sa propre dignité spécifique, mais dans lequel est en même temps contenue la constante mesure de la peine humaine, de la souffrance et aussi du préjudice et de l'injustice qui pénètrent profondément la vie sociale de chacune des nations et des nations entre elles. (§ 1)
>
> Le travail concerne tous les hommes, chaque génération, chaque phase du développement économique et culturel, et *en même temps* c'est un processus qui se réalise en *chaque homme,* en chaque être humain conscient. Tous et chacun sont en même temps concernés par lui. Tous et chacun, dans une mesure appropriée et avec un nombre incalculable de modalités, prennent part à ce gigantesque processus par lequel l'homme « soumet la terre » au moyen de son travail. (§ 4)

Nous verrons plus loin que Jean-Paul II a interprété le commandement biblique de «soumettre la terre» comme un appel adressé aux êtres humains pour qu'ils se comportent en intendants écologiquement responsables de la planète.

Dans *Laborem exercens*, le Pape distingue le pôle objectif du travail, qui désigne les biens produits par le travail, de son pôle subjectif, qui est l'épanouissement du travailleur. Contre le marxisme et le libéralisme, il affirme la primauté du pôle subjectif. La justice exige que l'organisation du travail traite les travailleuses et les travailleurs non pas comme les objets de la production, ni comme une masse de muscles et de bras, mais comme les sujets de la production, comme des agents responsables contribuant par leur créativité à un projet productif. «Les sources de la dignité du travail doivent être cherchées surtout, non pas dans sa dimension objective mais dans sa dimension subjective.» (§ 6) Jean-Paul II accuse l'organisation communiste et capitaliste de la production de «traiter le travail comme une "marchandise sui generis", ou comme une "force" anonyme nécessaire à la production (on parle même de "force-travail")». (§ 7) Pareille organisation du travail, continue le pape, renverse l'ordre divin, révélé dans le livre de la Genèse, qui fait de l'homme «le sujet efficient du travail, son véritable artisan et son créateur». (§ 7) Le Pape va jusqu'à dire que le système économique, quel que soit son nom, qui inverse l'ordre des valeurs mérite d'être appelé «capitaliste», ce qui donne à entendre que le communisme du bloc soviétique est une forme de capitalisme : en fait, il s'agit de capitalisme d'État. (§ 7)

En face de ce faux ordre des valeurs, le pape affirme le principe de la priorité du travail sur le capital. «Ce principe concerne directement le processus même de la production dont le travail est toujours *une cause efficiente* première, tandis que le "capital", comme ensemble des moyens de production, demeure seulement un *instrument* ou la cause instrumentale.» (§ 12)

Le même principe pousse Jean-Paul II à repenser le droit de propriété. Dans *Rerum novarum*, Léon XIII avait défendu une conception de la propriété privée qu'il était presque impossible de distinguer de la théorie libérale. La propriété, pour Léon XIII, c'était le pouvoir de disposer, qu'il s'agisse de biens fonciers ou de biens meubles. Quarante ans plus tard, dans *Quadragesimo anno* (1931), Pie XI disait qu'il ne fallait pas lire Léon XIII à l'encontre de la tradition catholique pour laquelle la propriété a une double fonction : permettre à l'individu de pourvoir à ses besoins et à ceux de sa famille et, en même temps, protéger les biens que le Créateur a destinés à l'ensemble de l'humanité. La propriété privée comporte des obligations sociales. (§ 45) Cependant, Pie XI rejetait l'idée que «l'abus ou le non-usage de la propriété en abroge ou en limite le droit». (§ 47) Par contre, en affirmant la priorité du travail sur le capital, c'est exactement la position de *Laborem exercens* : la propriété d'une terre ou d'instruments de production, qu'ils soient privés ou collectifs, n'a qu'une légitimité conditionnelle. Voici le célèbre texte :

> Considérer séparément les moyens de production comme un ensemble de propriétés à part dans le but de les opposer, sous forme de « capital », au « travail » et, qui plus est, dans le but d'exploiter ce travail, est contraire à la nature de ces moyens et à celle de leur possession. Ils ne sauraient être possédés contre le travail, et ne peuvent être non plus possédés pour posséder, parce que l'unique titre légitime à leur possession – et cela aussi bien sous la forme de la propriété privée que sous celle de la propriété publique ou collective – est qu'ils servent au travail. (§ 14)

Que veut dire Jean-Paul II, quand il emploie les mots « servir au travail » ? L'encyclique fait valoir que la propriété des moyens de production, qu'elle soit individuelle ou collective, doit servir aux personnes qui travaillent dans l'entreprise, à perfectionner l'équipement de production et, plus largement, à rendre service à l'ensemble de la société active. Autrement, la propriété perd sa légitimité. C'est là un principe subversif qui met en question tant l'ordre communiste que l'ordre capitaliste. Sous cette conception de la propriété, ainsi va l'argument du Pape, on retrouve une ancienne doctrine chrétienne, dont la formulation traditionnelle est plutôt abstraite, celle de « la destination universelle des biens et le droit à leur usage commun ». (§ 14)

Dans *Laborem exercens* (1981) et dans *Sollicitudo rei socialis* (1987), Jean-Paul II discute de la montée de l'industrialisation, de l'émergence du capitalisme et du socialisme, et de la semence de vérité présente dans l'un et l'autre système, mais qu'on finira par ériger en idéologie. L'intuition vraie du capitalisme, c'était le besoin de la libre initiative dans la sphère économique : on en fera plus tard l'idéologie de la déréglementation du marché ; et l'intuition vraie du communisme, c'était la nécessité pour les travailleurs d'une société industrielle de lutter pour la justice : on en fera l'idéologie de la lutte des classes, moteur de l'histoire humaine. Les deux systèmes, pour le pape, fonctionnent à partir d'une philosophie qui définit les êtres humains en termes économiques : dans le capitalisme, en fonction du rapport des gens au marché, et dans le communisme, en fonction de leur classe économique. Nous pouvons remarquer que dans *Sollicitudo rei socialis*, publiée en décembre 1987, le Pape croyait le communisme et le capitalisme encore capables de se réformer et d'en arriver à une coexistence pacifique. Il ne prévoyait pas l'effondrement du communisme qui allait survenir moins de deux ans plus tard.

Dans *Centesimus annus* (1991), publiée après la fin du communisme soviétique, le Pape se réjouit de la libération des populations d'Europe orientale, délivrées d'un système oppresseur, d'une idéologie économiste et d'une culture athée. Mais il reste fidèle au principe de la priorité du travail sur le capital. En 1993, prenant la parole à l'université de Riga, en Lettonie, il observe ce qui suit :

Tout en condamnant avec décision le «socialisme», l'Église, depuis *Rerum novarum* de Léon XIII, a toujours pris ses distances d'avec l'idéologie capitaliste, la rendant responsable de graves injustices sociales. Pour sa part, Pie XI employa dans *Quadragesimo anno* (§ 109) des paroles claires et fortes pour stigmatiser l'impérialisme international de l'argent. C'est là une ligne qu'a confirmée le magistère le plus récent, et moi-même, après l'écroulement historique du communisme, je n'ai pas hésité à soulever des doutes sérieux sur la validité du capitalisme, si on entend par cette expression non pas la simple «économie de marché» mais «un système où la liberté dans le domaine économique n'est pas encadrée par un contexte juridique ferme qui la met au service de la liberté humaine intégrale[43]».

Dans *Centesimus annus*, Jean-Paul II distingue entre deux sortes de société de marché : l'une définie par un marché non réglementé, l'autre par un marché libre qu'encadrent un ensemble de lois, un mouvement syndical fort et une culture de solidarité. Il met en garde contre la première, appelée «capitalisme libéral» ou «capitalisme rigide» : il y voit la «société de consommation qui tend à l'emporter sur le marxisme sur le terrain du pur matérialisme, montrant qu'une société de libre marché peut obtenir une satisfaction des besoins matériels de l'homme plus complète que celle qu'assure le communisme, tout en excluant également les valeurs spirituelles». (§ 19) La justification idéologique du capitalisme, fait valoir le Pape,

---

43. *Documentation catholique*, N° 2080 (17 octobre 1993), p. 873.

«réduit l'homme à la sphère économique et à la satisfaction des besoins matériels». (§ 19) Après la chute du communisme, «il y a même un risque de voir se répandre une idéologie radicale de type capitaliste qui refuse de voir que [...] des foules importantes vivent encore dans des conditions de profonde misère matérielle et morale [...] et qui, par principe, attend aveuglément la solution de ces problèmes du libre développement des forces du marché». (§ 42)

Si les marchés sont absolument nécessaires à une société libre et efficace sur le plan économique, le Pape insiste sur les limites des marchés.

> On retrouve ici une nouvelle limite du marché : il y a des besoins collectifs et qualitatifs qui ne peuvent être satisfaits par ses mécanismes ; il y a des nécessités humaines importantes qui échappent à sa logique ; il y a des biens qui, en raison de leur nature, ne peuvent ni ne doivent être vendus ou achetés. En réalité, les mécanismes du marché [...] comportent le risque d'une «idolâtrie» du marché qui ignore l'existence des biens qui [...] ne sont et ne peuvent être de simples marchandises. (§ 40)

Dans la société définie par un système de marché non régulé, le bien-être humain est menacé par l'idolâtrie du marché et la culture du consumérisme. Le consumérisme est l'aliénation qui se produit «au niveau de la consommation lorsqu'elle engage l'homme dans un réseau de satisfactions superficielles et fausses, au lieu de l'aider à faire l'expérience authentique et concrète de sa personnalité». (§ 42) La culture du consumérisme est promue avec l'aide des médias par des entreprises industrielles et des institutions commerciales désireuses d'étendre leur marché et d'accroître leurs profits.

> [L'aliénation] se retrouve aussi dans le travail, lorsqu'il est organisé de manière à ne valoriser que ses productions et ses revenus sans se soucier de savoir si le travailleur, par son travail, s'épanouit plus ou moins en son humanité, selon qu'augmente l'intensité de sa participation à une véritable communauté solidaire, ou bien que s'aggrave son isolement au sein d'un ensemble de relations caractérisé par une compétitivité exaspérée et des exclusions réciproques, où il n'est considéré que comme un moyen, et non comme une fin. (§ 42)

Il y a lieu de recommander un autre type de société de marché. Le Pape reconnaît clairement la nécessité des marchés. «Il semble que, à l'intérieur de chaque pays comme dans les rapports internationaux, *le marché libre* soit l'instrument le plus approprié pour répartir les ressources et répondre efficacement aux besoins. Toutefois, cela ne vaut que pour les besoins "solvables", parce que l'on dispose d'un pouvoir d'achat, et pour les ressources qui sont "vendables", susceptibles d'être payées à un juste prix.» (§ 34) Plusieurs biens, notamment les relations humaines fondées sur la confiance, ne sont pas vendables. En outre, il est nécessaire de créer des institutions autres que le marché pour distribuer aux pauvres les biens de première nécessité. «C'est un strict devoir de justice et de vérité de faire en sorte que les besoins humains fondamentaux ne restent pas insatisfaits et que ne périssent pas les hommes qui souffrent de ces carences. » (§ 34)

Le Pape nomme ce second type de société de marché « société démocratique inspirée par la justice sociale » (§ 19) ou « économie moderne de l'entreprise » (§ 32). Cette société préserve les mécanismes du libre marché, l'harmonie des rapports sociaux et l'initiative économique des citoyens qui veulent s'assurer un meilleur avenir à eux-mêmes et à leur famille. Par ailleurs, cette société « cherche à éviter que les mécanismes du marché soient l'unique point de référence de la vie sociale et veut les assujettir à un contrôle public qui s'inspire du principe de la destination commune des biens de la terre ». (§ 19) Elle reconnaît le rôle des syndicats de travailleurs, procure une aide sociale aux démunis et favorise la participation politique. Dans le langage du Pape, cette société promeut « la subjectivité » de ses membres. Le marché y est circonscrit par des forces sociales et la concurrence, contenue par une culture de la coopération et de la solidarité. En outre, « l'État a le devoir d'assurer la défense et la protection des biens collectifs que sont le milieu naturel et le milieu humain dont la sauvegarde ne peut être assurée par les seuls mécanismes du marché. » (§ 40)

Ces textes comme d'autres passages des récents documents pontificaux suggèrent que le projet social recommandé par Jean-Paul II correspond à une social-démocratie où le bien-être des personnes passe avant le capital et où les travailleurs peuvent devenir éventuellement copropriétaires des entreprises. Dans le langage qu'affectionne le

Pape – ainsi que nous l'avons vu au chapitre premier – une telle société respecte «la subjectivité» de ses citoyens : elle estime leur initiative personnelle et leur sens de la coresponsabilité pour le projet collectif.

Il n'est pas étonnant que Jean-Paul II soit fortement opposé à la mondialisation du système de marché non régulé que promeuvent actuellement les gouvernements occidentaux, les institutions financières internationales et les sociétés transnationales.

> Dans de nombreux pays américains domine toujours plus un système connu comme «néolibéralisme» ; ce système, faisant référence à une conception économique de l'homme, considère le profit et les lois du marché comme des paramètres absolus au détriment de la dignité et du respect de la personne et du peuple. Il a parfois évolué vers une justification idéologique de certaines attitudes et de certaines façons de faire dans le domaine social et politique qui provoquent l'exclusion des plus faibles. En réalité, les pauvres sont toujours plus nombreux, victimes de politiques déterminées et de structures souvent injustes[44].

Par ailleurs, Jean-Paul II reconnaît la nécessité d'une certaine forme de mondialisation. Dans *Pacem in terris*, Jean XXIII avait déjà reconnu qu'après la Deuxième Guerre mondiale, les économies nationales étaient devenues de plus en plus interdépendantes, et que la coopération entre les communautés politiques devenait toujours plus

---

44. *Ecclesia in America* (22 janvier 1999), N° 56.

urgente. (§ 130) L'heure est venue, disait-il, de promouvoir le bien commun global ou universel – c'est-à-dire l'ensemble des conditions de la vie sociale qui permettent aux gens partout, dans toutes les sociétés, d'atteindre de plus en plus facilement leur épanouissement intégral. (§ 58, 131) Jean XXIII reconnaissait que les gouvernements nationaux ou le système du marché ne peuvent défendre le bien commun mondial. Ce qu'il faut, c'est une institution de gouvernance mondiale, comme l'Organisation des Nations unies, qui coordonne la coopération entre les principaux intervenants pour favoriser le bien-être mondial. (§ 142) Gouvernance mondiale ne veut pas dire gouvernement mondial! L'idée évoque plutôt le jeu contrôlé des forces et des facteurs entre les institutions politiques, économiques et culturelles qui favorisent un développement pacifique à l'échelle mondiale. Le marché, lui aussi, devra être guidé pour contribuer à une gouvernance mondiale empreinte d'humanité.

Mais telle n'est pas la mondialisation qui se produit actuellement. Jean-Paul II déplore la mondialisation dirigée par les forces du marché, soutenue par les institutions financières et économiques, et protégée par de puissant États nationaux. La mondialisation néolibérale perturbe les réalisations de la social-démocratie dans le monde industrialisé et mine dans le Sud l'économie de subsistance qui permettait aux gens de vivre simplement dans la dignité. Le Pape remarque que cette mondialisation élargit le fossé entre riches et pauvres – entre pays riches et pays pauvres comme entre les riches et les pauvres de tous les pays, même dans le Nord. Il observe que l'invasion du libre marché et de la culture du consumérisme promue par une publicité astucieuse déstabilise les cultures traditionnelles et la transmission des religions. Il sait aussi que la mondialisation néolibérale est protégée par la puissance impérialiste des États-Unis, qui dispose de bases militaires dans toutes les régions du monde. Dans tous ses textes, Jean-Paul II juge les sociétés contemporaines en fonction de leur impact sur les pauvres, les démunis et les faibles. Il n'oublie pas que des secteurs sans cesse croissants de l'humanité sont aujourd'hui exclus des ressources de la vie et des avantages de la culture.

La crise écologique

Respecter la Terre et utiliser ses ressources sans porter atteinte à son intégrité relève de la justice dans l'enseignement social catholique récent. Nous trouvons une première référence à la crise environnementale dans la lettre apostolique *Octogesima adveniens*, publiée par Paul VI le 14 mai 1971, et des développements plus importants dans deux encycliques de Jean-Paul II, *Sollicitudo rei socialis* (§ 26) et *Centesimus annus* (§ 37-38). Une analyse plus détaillée de la crise écologique apparaît dans le message de Jean-Paul II pour la Journée mondiale de la paix en 1990. Ici, le pape reconnaît la gravité de la situation actuelle.

> Certains éléments de la crise écologique actuelle font apparaître à l'évidence son caractère moral. Il faut y inscrire en premier lieu l'application sans discernement des progrès

scientifiques et technologiques. Beaucoup de découvertes récentes ont apporté à l'humanité des bienfaits indiscutables ; elles manifestent même la noblesse de la vocation de l'homme à participer de manière responsable à l'action créatrice de Dieu dans le monde

On a cependant constaté que l'application de certaines découvertes dans le cadre industriel et agricole produit, à long terme, des effets négatifs. Cela a mis crûment en relief le fait que pour aucune intervention dans un domaine de l'écosystème on ne peut se dispenser de prendre en considération ses conséquences dans d'autres domaines et, en général, pour le bien-être des générations à venir.

La destruction progressive de la couche d'ozone et l'«effet de serre» qu'elle provoque ont atteint désormais des dimensions critiques par suite du développement constant des industries, des grandes concentrations urbaines et de la consommation d'énergie. Les déchets industriels, les gaz produits par la combustion des carburants fossiles, la déforestation incontrôlée, l'usage de certains types de désherbants, de produits réfrigérants et de combustibles de propulsion, tout cela, on le sait, nuit à l'atmosphère et à l'environnement. Il en résulte de multiples altérations météorologiques et atmosphériques dont les effets vont des atteintes à la santé jusqu'à l'immersion possible, dans l'avenir, des terres basses.

Alors que, dans certains cas, les dégâts sont désormais irréversibles, dans bien d'autres cas, ils peuvent encore être contrôlés. C'est donc un devoir pour toute la communauté humaine – pour les individus, les États et les Organisations internationales – de prendre au sérieux leurs responsabilités. (§ 6)

Dans plusieurs pays, le mouvement écologique et le combat pour la justice sociale sont divisés. En Europe, les partis rouges et verts ont souvent été en conflit. Les sociaux-démocrates favorisent la croissance industrielle, la création d'emplois et des revenus plus élevés pour les travailleuses et les travailleurs, alors que les environnementalistes critiquent la croissance industrielle et s'opposent à des développements qui polluent l'air, les fleuves et les océans, et qui introduisent des substances nocives dans les aliments offerts à la consommation. Dans son enseignement, Jean-Paul II essaie de surmonter la tension entre rouges et verts en expliquant que les forces qui nuisent à l'écologie *naturelle* sont aussi dommageables à l'écologie *humaine*, car elles créent des structures d'oppression et d'exclusion.

> On ne parviendra pas à un juste équilibre écologique si l'on ne s'attaque directement aux formes structurelles de la pauvreté existant dans le monde. Par exemple, la pauvreté rurale et la répartition des terres ont conduit dans de nombreux pays à une agriculture de simple subsistance et à l'appauvrissement des sols. Quand la terre ne produit plus, de nombreux agriculteurs s'établissent dans d'autres zones, aggravant souvent le processus de déforestation incontrôlée, ou bien ils s'installent dans des centres urbains déjà dépourvus d'infrastructures et de services. En outre, certains pays fortement endettés sont en train de détruire leur patrimoine naturel, entraînant d'irrémédiables déséquilibres écologiques, afin d'obtenir de nouveaux

produits d'exportation. Toutefois, face à ces situations, lorsqu'on évalue les responsabilités, il serait inacceptable de ne mettre en accusation que les pauvres pour les effets négatifs qu'ils produisent sur l'environnement. Il convient plutôt d'aider les pauvres, à qui la terre est confiée comme à tous les autres, à surmonter leur pauvreté ; et cela requiert une réforme courageuse des structures et de nouveaux modèles de rapports entre les États et les peuples. (§ 11)

Un certain nombre d'auteurs ont reproché à la tradition biblique de faire de l'humanité le sommet de la création et de ne respecter la nature que dans la mesure où elle soutient la vie humaine. Pour réfuter cet argument, le Pape propose une lecture alternative des textes bibliques.

Dans les pages de la Genèse où est rapportée la première révélation que Dieu fait de lui-même à l'humanité (Gn 1-3), reviennent comme un refrain les mots : « Et Dieu vit que cela était bon. » Mais lorsque Dieu, après avoir créé le ciel et la mer, la terre et tout ce qu'elle contient, crée l'homme et la femme, l'expression change sensiblement : « Dieu vit tout ce qu'il avait fait : cela était très bon. » (Gn 1, 31) Dieu confia à l'homme et à la femme tout le reste de la création et c'est alors, comme dit le texte, qu'il put se reposer « de toute l'œuvre qu'il avait faite » (Gn 2, 3).

La vocation d'Adam et d'Ève à participer à la réalisation du plan de Dieu sur la création stimulait les capacités et les dons qui distinguent la personne humaine de toute autre créature et, en même temps, établissait un rapport ordonné entre les hommes et tout le créé. Faits à l'image et à la ressemblance de Dieu, Adam et Ève devaient soumettre la terre (cf. Gn 1, 28) avec sagesse et amour. Cependant, par leur péché, ils détruisirent l'harmonie existante, s'opposant délibérément au dessein du Créateur. Cela conduisit non seulement à l'aliénation de l'homme par lui-même, à la mort et au fratricide, mais aussi à une certaine révolte de la terre contre lui (cf. Gn 3, 17-19 ; 4, 12). Toute la création fut assujettie à la caducité et, depuis lors, elle attend mystérieusement sa libération pour entrer dans la liberté de la gloire des enfants de Dieu (cf. Rm 8, 20-21). (§ 3)

Ce qui inquiète le Pape, c'est la « destruction incontrôlée des espèces animales et végétales par une exploitation imprudente des ressources naturelles. […] [ce qui] ne tourne pas à l'avantage de l'humanité, même si on le fait au nom du progrès et du bien-être ». (§ 7)

Enfin, on ne peut pas ne pas considérer avec une profonde inquiétude les possibilités considérables de la recherche biologique. On n'est peut-être pas encore en mesure d'évaluer les troubles provoqués dans la nature par des manipulations génétiques menées sans discernement et par le développement inconsidéré d'espèces nouvelles de plantes et de nouvelles formes de vie animale, pour ne rien dire des interventions inacceptables à l'origine même de la vie humaine. Dans un domaine aussi délicat, il n'échappe à personne que l'indifférence ou le refus des normes éthiques fondamentales portent l'homme au seuil même de son autodestruction. La norme fondamentale que doit respecter un juste progrès économique, industriel et scientifique, c'est le respect de la vie et, en premier lieu, de la dignité de la personne humaine. (§ 7)

Il n'y a pas de doute, Jean-Paul II voit dans l'humanité l'intendant nommé par Dieu pour gérer, protéger et promouvoir l'environnement naturel. Il comprend que les bois, les champs et les fleurs qui nous entourent, et les céréales et les fruits dont nous dépendons, ont été affectés par le travail des agriculteurs et des maraîchers. Dans un grand nombre d'espèces animales et végétales, il n'est plus possible de départager clairement ce qui est naturel et ce qui résulte d'une intervention humaine. Si j'entends bien le message du Pape, il n'est pas convaincu par les philosophes écologistes qui affirment que la Terre peut compter sur son propre dynamisme pour se protéger et que les humains devraient éviter d'intervenir et laisser faire la nature. Pour Jean-Paul II, la crise écologique est un enjeu moral, relié au péché qui marque les modes d'organisation des humains ici-bas, et qui ne pourra trouver de solution que par la conversion à une nouvelle solidarité. «La crise écologique, écrit-il, met en évidence la nécessité morale urgente d'une solidarité nouvelle, particulièrement dans les rapports entre les pays en voie de développement et les pays à forte industrialisation. Les États doivent se montrer toujours plus solidaires et complémentaires, pour promouvoir le développement d'un environnement naturel et social paisible et salubre.» (§ 10) Pour le Pape, la responsabilité écologique relève de la justice : justice envers les pauvres et justice envers les générations à venir. Verts et rouges sont engagés dans un même combat.

Réflexions théologiques

L'option pour les pauvres, endossée par le nouvel enseignement social catholique, a de profondes conséquences théologiques et spirituelles. Comme nous l'avons signalé dans les chapitres précédents, cet enseignement a été élevé au niveau théologique et l'engagement pour la justice fait partie intégrale de la vie de foi, d'espérance et de charité. Mais d'abord quelques mots au sujet du fondement biblique de l'option pour les pauvres.

Les théologiens de la libération latino-américains qui les premiers ont formulé l'option pour les pauvres croyaient qu'elle était prescrite par la Parole de Dieu dans l'Écriture. Ils évoquaient le récit de l'Exode, dans lequel Dieu vient au secours d'un peuple opprimé et exploité ; ils citaient les prophètes et les psaumes, qui révèlent la solidarité de Dieu avec les pauvres et les persécutés ; et ils s'appuyaient sur des passages du Nouveau Testament qui annoncent la mission messianique de Jésus, notamment sa proclamation dans la synagogue de Nazareth :

> L'Esprit du Seigneur est sur moi parce que le Seigneur m'a consacré par l'onction. Il m'a envoyé porter la Bonne Nouvelle aux pauvres, annoncer aux prisonniers qu'ils sont libres, et aux aveugles qu'ils verront la lumière, apporter aux opprimés la libération et annoncer une année de bienfaits accordée par le Seigneur. (Lc 4, 18)

Évidemment, on peut lire l'Écriture de diverses manières. Comme il y a des textes de l'Ancien Testament qui font l'éloge de la royauté en Israël, et des textes du Nouveau Testament qui recommandent d'obéir aux autorités civiles, la Bible a souvent été lue de manière à accorder une caution religieuse à l'ordre politique en place. En s'arrêtant au sens de l'Évangile pour le salut et la sanctification des croyants individuels, les chrétiens ont souvent conclu que le Nouveau Testament n'a rien à dire sur l'ordre politique. Mais lorsque des chrétiens en solidarité avec les pauvres et les opprimés relisent le Nouveau Testament, ils donnent la priorité à des passages bibliques qui annoncent la solidarité de Dieu avec les victimes de la société. Le récit de la passion et de la mort de Jésus révèle son identification avec les personnes méprisées, exclues et rejetées. Sa résurrection proclame le renversement éventuel de l'ordre traditionnel : «les derniers seront les premiers, et les premiers les derniers» (Lc 13, 30); «les doux recevront la terre en héritage» (Mt 5, 4); «malheur aux riches qui ont déjà leur consolation» (Lc 6, 24); «Dieu renversera les puissants de leur trône et élèvera les humbles, il comblera de biens les affamés et renverra les riches les mains vides.» (Lc 1, 52-53)

Les gens des classes moyennes du Nord ne peuvent entendre ce message biblique que s'ils sont prêts à une conversion du cœur et de l'esprit. Nous sommes habitués à regarder la société du point de vue de nos amis et de nos collègues. Ce n'est que lorsque nous examinons le monde du point de vue des pauvres que nous découvrons l'ambiguïté morale de notre propre existence. Comme membres des classes moyennes, nous tirons certains avantages d'injustices structurelles à l'échelle globale. Mais qu'en est-il des pauvres et des autres personnes marginalisées? Comme ils ont tendance à se voir eux-mêmes à travers les yeux des puissants, comme ils souffrent d'un sentiment d'impuissance et qu'ils ont tendance à se déprécier, la découverte de la solidarité de Dieu à leur endroit transforme radicalement l'image qu'ils ont d'eux-mêmes. Pour tous les membres de la société, au sommet comme au bas de l'échelle, reconnaître dans la foi la solidarité de Dieu avec les pauvres représente une conversion du cœur et de l'esprit, qui est un don de l'Esprit. Opter pour les victimes de la société est une expérience religieuse, un geste d'obéissance à la Parole de Dieu, un acte d'abandon à l'Esprit de Dieu.

Contrairement à l'option que je peux faire pour mon pays ou pour la classe ouvrière, l'option pour les pauvres est un principe transcendant. Dans de nouveaux contextes historiques, les chrétiens doivent constamment se reposer la question : qui sont aujourd'hui les pauvres, les méprisés, les affligés, les porteurs de la solidarité préférentielle de Dieu?

L'option pour les pauvres est dite préférentielle parce qu'elle est le première étape du virage vers la solidarité. Nous ne sommes pas en solidarité avec les pharaons de ce monde. Nous nous tenons avec les victimes de la société et nous appuyons leurs luttes pour changer leurs conditions de vie ; ce n'est que de cette façon que nous serons capables d'être en solidarité avec la société dans son ensemble. Puisque l'option préférentielle pour les pauvres vise à transformer les structures injustes, elle sert réellement le bien commun de la société.

Une compréhension plus profonde du péché

L'option pour les pauvres a suscité une nouvelle réflexion sur le péché. À la Conférence de Medellín (1968), les évêques latino-américains ont appuyé la théologie de la libération et reconnu que le péché personnel ne pouvait expliquer, à lui seul, la misère infligée aux pauvres de leur continent. Il devenait nécessaire de jeter un regard critique sur les structures de pouvoir, dans la société, qui ont un effet destructeur sur la population. Les structures mises en accusations par les évêques étaient le néocolonialisme, le capitalisme libéral et la dictature politique[45]. Dans *Sollicitudo rei socialis*, écrite encore durant la guerre froide, Jean-Paul II reconnaissait, lui aussi, l'existence du péché social ou structurel. « Il faut souligner, notait-il, qu'un monde divisé en blocs régis par des idéologies rigides, où dominent diverses formes d'impérialisme au lieu de l'interdépendance et de la solidarité, ne peut être qu'un monde soumis à des *structures de péché*. » (§ 36)

Qu'est-ce que les « structures de péché »? Ce sont des structures politiques, sociales ou économiques qui portent atteinte à la vie des gens, violent les droits humains et sont

---

45. *The Medellín Conclusions*, Peace, 9.

cause de souffrances. Mais si ces structures n'ont pas de conscience, comment peut-on qualifier de péché leurs retombées destructrices ? Jean-Paul II répond que les péchés structurels «ont pour origine le péché personnel et, par conséquent, sont toujours reliés à des *actes concrets* des personnes, qui les font naître, les consolident et les rendent difficiles à abolir». (§ 36) Des institutions qui exploitent ou oppriment peuvent avoir été établies par des personnes animées de mauvaises intentions. Mais il peut aussi se faire que, transposées dans un nouveau contexte historique, des institutions créées dans un but louable ne soient plus utiles, fassent obstacle à la reconstruction et finissent par avoir un effet délétère sur la société. Jean-Paul II est attentif aux deux cas de figure : les structures mises sur pied par des pécheurs animés de mauvaises intentions et les structures qui sont devenues peccamineuses parce que les gens ont refusé de les modifier quand l'exigeait une nouvelle conjoncture. Voici le texte remarquable de l'encyclique *Reconciliatio et pænitentia* (1984), qui décrit le rapport complexe entre péché personnel et péché social :

> Quand elle parle de situations de péché ou quand elle dénonce comme péchés sociaux certaines situations ou certains comportements collectifs de groupes sociaux plus ou moins étendus, ou même l'attitude de nations entières et de blocs de nations, l'Église sait et proclame que ces cas de péché social sont le fruit, l'accumulation et la concentration de nombreux péchés personnels.

Quels sont ces péchés personnels?

Il s'agit de péchés tout à fait personnels de la part de ceux qui suscitent ou favorisent l'iniquité, voire l'exploitent; de la part de ceux qui, bien que disposant du pouvoir de faire quelque chose pour éviter, éliminer ou au moins limiter certains maux sociaux, omettent de le faire par incurie, par peur et complaisance devant la loi du silence, par complicité masquée ou par indifférence; de la part de ceux qui cherchent refuge dans la prétendue impossibilité de changer le monde; et aussi de la part de ceux qui veulent s'épargner l'effort ou le sacrifice en prenant prétexte de motifs d'ordre supérieur. (§ 16)

Si les institutions deviennent structures de péché, c'est à cause du péché personnel de ceux qui refusent de les transformer ou de les adapter pour qu'elles répondent aux besoins des gens dans un nouvelle conjoncture historique. Voici une idée nouvelle et assez troublante, une idée qu'on n'avait jamais formulée auparavant dans un document ecclésial.

Il est certain que nous vivons dans un monde gravement marqué par le péché. En novembre 2003, un rapport sur la faim dans le monde révélait que 840 millions de personnes souffrent de la faim surtout, mais pas seulement, dans le Sud, alors qu'on produit assez de nourriture pour arriver à nourrir toute la population mondiale[46]. Les

---

46. Voir le site Web de l'institut *Bread for the World* (www.bread.org), Hunger Report 2003.

systèmes mis en place pour la production, le commerce et la distribution multiplient les injustices et imposent à des multitudes de gens dans diverses régions du monde des fardeaux qui mettent leur vie en danger. Non seulement ces personnes se voient-elles nier le droit à la nourriture mais elles sont aussi privées de leurs autres droits humains. Pour reprendre les mots de Paul VI, «ces injustices font monter un cri vers le ciel».

Qui sont les auteurs des péchés personnels à l'origine de cette grave situation de péché? D'après l'enseignement nouveau et courageux de Jean-Paul II, ceux d'entre nous qui appartiennent aux classes moyennes des pays industrialisés ne peuvent plaider l'innocence. Comme nous n'avons pas choisi le système mondial dans lequel nous vivons, nous ne sommes pas coupables au sens strict. Mais nous faisons quand même partie du système et nous en bénéficions. Notre tasse de café du matin nous relie aux ouvriers agricoles du Sud, dont l'exploitation est bien documentée. Nous ne savons pas d'où viennent nos salaires ou nos pensions de professeurs : ils peuvent fort bien dériver de fonds placés dans des mines d'or où les travailleurs crachent le sang ou dans des industries qui embauchent et exploitent de jeunes enfants. Pourquoi est-ce que moi, qui ai aujourd'hui plus de quatre-vingts ans, je suis en bonne santé, alors que dans plusieurs régions du monde l'espérance de vie ne dépasse pas cinquante ans? Pourquoi ai-je eu trente années de plus? La réponse est simple : je vis dans une société riche et je profite des inégalités scandaleuses de notre monde. Je peux me consoler en plaidant que je n'ai pas les moyens de réformer le système actuel, mais l'enseignement nouveau de Jean-Paul II ne me permet plus de m'en tirer à si bon compte. Ne suis-je pas de ceux qui peuvent «éviter, éliminer ou au moins limiter certains maux sociaux, [mais] omettent de le faire par incurie, par peur et complaisance devant la loi du silence, par complicité masquée ou par indifférence; de ceux qui cherchent refuge dans la prétendue impossibilité de changer le monde; et aussi de ceux qui veulent s'épargner l'effort ou le sacrifice en prenant prétexte de motifs d'ordre supérieur»?

L'analyse que le Pape fait du péché révèle l'ambiguïté de l'existence humaine dans le monde d'aujourd'hui, ce qui est une position sans précédent dans la tradition de l'enseignement social catholique. Même les nombreuses bonnes actions que nous faisons avec l'aide de Dieu ne nous permettent pas d'échapper à cette ambiguïté, car nous sommes toujours complices du système qui condamne des millions de personnes à vivre dans des conditions inhumaines. Pour réagir à cette ambiguïté morale, il ne s'agit pas de s'abandonner à des sentiments de culpabilité, mais de regretter le mal fait aux autres et de se mobiliser pour l'action sociale ou politique. Nous pleurons le fait de vivre dans un monde où la majorité des gens sont privés de dignité et d'autonomie, et nous refusons au fond de nous-mêmes de nous identifier au système politico-économique auquel nous appartenons. Nous sommes des étrangers en ce monde – non pas des étrangers qui tournent le dos au monde pour se replier dans un isolement sectaire, mais des étrangers qui espèrent la transformation du monde et qui posent des gestes concrets menant à des formes alternatives d'existence humaine. Nous continuons de faire confiance aux promesses du Christ qui a dit que la rédemption divine aura le dernier mot.

En novembre 2003, j'ai écrit un article pour le *Catholic New Times* sur les raisons qui expliquent que tant de catholiques ne vont plus à confesse. Voici ma conclusion :

Selon la nouvelle façon de concevoir le péché, conception largement répandue dans l'Église et articulée par Jean-Paul II, aller à confesse n'a plus de sens. La pratique de la confession se fondait sur une division nette entre les actes bons et mauvais commis dans la région du monde dont nous faisions partie. D'après le concile de Trente, nous étions censés avouer nos péchés en en précisant la catégorie et le nombre. À l'époque, les catholiques n'avaient aucun sens de l'ambiguïté morale de la société et du caractère problématique de notre implication sociale. Nous avions oublié l'analyse sévère qu'un saint Augustin a faite du monde profane. Aujourd'hui, la pratique du confessionnal ne correspond plus à notre expérience du péché ou à notre espoir de salut et de pardon. Ce à quoi nous aspirons, c'est à une liturgie pénitentielle où soient proposés des textes bibliques qui révèlent nos péchés et l'ambiguïté morale de notre existence et qui proclament la bonté et la miséricorde gratuites de Dieu, où nous nous repentions communautairement de nos actions et de nos attitudes, de notre inaction et de notre passivité, et où nous recevions l'absolution générale du prêtre au nom de Jésus Christ. Mais, à l'heure actuelle, il est difficile de trouver des églises ou des chapelles qui offrent l'absolution générale. Je reçois néanmoins l'absolution de mes péchés chaque dimanche à la messe lorsque, après le *Confiteor*, le prêtre récite la formule : «Que Dieu tout-puissant vous fasse miséricorde, qu'Il vous pardonne vos péchés et vous conduise à la vie éternelle. Que Dieu tout-puissant et miséricordieux nous accorde le pardon, l'absolution et la pleine rémission de nos péchés.»

L'ambivalence de l'histoire de l'Église

Le nouvel enseignement papal sur les structures de péché soulève un autre problème théologique troublant. Le péché structurel peut-il exister dans l'Église catholique? Le magistère catholique a toujours évité de parler du péché de l'Église: rachetée par le Christ, l'Église participe à la vie du Seigneur ressuscité et ne peut donc plus pécher. Même au concile Vatican II, les évêques ont hésité à reconnaître que l'Église puisse être pécheresse. Pris individuellement, les catholiques, papes et évêques compris, ont commis des péchés au nom de l'Église, mais l'Église elle-même reste exempte de tache ou de ride.

La façon dont Jean-Paul II comprend le péché social ou structurel l'a poussé à amorcer une réflexion critique sur l'histoire de l'Église. Il a pressé l'Église et toutes les institutions humaines à s'engager dans ce qu'il a appelé «la purification de la mémoire».

Lors d'une liturgie pénitentielle solennelle célébrée le 12 mars 2000, premier dimanche du Carême, en la basilique Saint-Pierre de Rome, le Pape a rendu grâce à Dieu pour la sainteté suscitée dans la vie de l'Église et a demandé pardon à Dieu pour les péchés commis au nom de cette même Église. Le texte de la liturgie regroupait ces péchés en six catégories. Pour chaque catégorie, un cardinal de la Curie romaine s'est avancé pour réciter une prière d'aveu et de repentir, suivie du *Kyrie eleison* chanté par l'assemblée et d'une formule de pardon prononcée par le Pape lui-même. Voici quelles étaient les six catégories :

I) les péchés commis au service de la vérité ;

II) les péchés qui ont porté atteinte à l'unité du corps du Christ ;

III) les péchés contre le peuple d'Israël ;

IV) les péchés contre l'amour, la paix, les droits des peuples et le respect des cultures et des religions ;

V) les péchés contre la dignité des femmes et contre l'unité du genre humain ;

VI) les péchés relatifs aux droits fondamentaux de la personne.

La célébration pénitentielle invoquait le pardon de Dieu sur l'Église contrite de ses fautes, et sa grâce pour qu'il la confirme comme communauté bien-aimée de son Seigneur, corps du Christ sur terre et temple de l'Esprit Saint.

Cette liturgie hors du commun attribuait les péchés commis au nom de l'Église à tous ses membres infidèles, sans exclure les papes et les évêques. Mais elle n'assumait pas complètement la théologie du péché structurel que le pape a exposée dans ses encycliques. N'y a-t-il pas dans l'Église des structures, son discours officiel notamment, qui ont lésé des personnes innocentes et qui ont causé de grandes souffrances ? La condamnation des Juifs, pour prendre un exemple bien connu, n'était pas seulement un discours assumé par des catholiques à titre personnel : l'hostilité à l'égard des Juifs a fait partie de la tradition catholique presque dès l'origine ; elle était véhiculée dans la prédication et dans le culte public. Ce qu'on a appelé les doctrines du mépris était une faute structurelle, un héritage doctrinal, une distorsion idéologique de l'Évangile, transmise par des catholiques individuels sans qu'ils aient vraiment choisi de le faire – jusqu'après la Deuxième Guerre mondiale quand l'Église, en réaction à l'Holocauste, a repensé ses rapports avec la communauté juive. Nous reviendrons sur cette transformation au chapitre 5.

Au cours du dernier demi-siècle, les catholiques en sont venus à reconnaître qu'il est arrivé, au fil de la longue histoire de l'Église, qu'une distorsion idéologique de l'Évangile justifie des structures oppressives, bénisse le recours à la violence, favorise l'asservissement des femmes, cultive le mépris des protestants, engendre l'hostilité envers les Juifs et aveugle les catholiques à la vérité et à la sainteté présentes dans les grandes religions du monde. Ces distorsions idéologiques ont pu être introduites de manière délibérée par certains personnages influents mais, une fois intégrées au discours et à la pratique catholiques, elles ont influencé de manière structurale la conscience des croyants et ont ainsi lésé et fait souffrir des personnes innocentes.

La découverte des distorsions idéologiques de l'Évangile dans la prédication de l'Église a été une expérience douloureuse pour nombre de catholiques d'aujourd'hui. On en a un exemple typique chez Frei Betto, frère dominicain du Brésil qui a cru perdre la foi en prenant peu à peu conscience de la présence massive des pauvres dans son pays. Pourquoi, se demandait-il angoissé, pourquoi ne voyais-je pas tous ces gens auparavant? Il en vint à la conclusion que les masses pauvres lui avaient été masquées par la culture et la religion qu'on lui avait inculquées dans son jeune âge. Craignant que Dieu ne soit qu'un construit social destiné à maintenir l'ordre dans une société injuste, il se sentait désormais incapable de prier. Il pensait être devenu athée. Mais cette nuit obscure de l'âme devait avoir un terme. Après un certain temps, Dieu lui parla de nouveau, mais cette fois depuis un tout autre horizon: c'était le Dieu des pauvres qui l'appelait à la solidarité avec les personnes au bas de l'échelle et dans la marge[47].

La crainte que Dieu ne soit un construit social destiné à préserver l'ordre dans une société marquée par l'inégalité affecte un grand nombre de catholiques aujourd'hui. Les femmes, en particulier, se demandent souvent si le Dieu proclamé par l'Église n'est pas une sacralisation du patriarcat. Au long des siècles, l'Église a préféré prêcher le

---

47. Gregory BAUM, *Compassion and Solidarity*, Concord, ON, Anansi Press, 1992, p. 76.

message chrétien comme une source de consolation pour les personnes traitées injustement par la société plutôt que d'en faire une source d'espérance en leur libération. C'est pour expliquer ce phénomène que Matthew Lamb a créé le mot « sacralisme[48] » : il désigne l'utilisation de la religion pour justifier l'oppression. Dans bien des cas, on a prêché Dieu comme le protecteur des civilisations chrétiennes en face de peuples et de nations qui suivent d'autres religions. Les peuples qui, à une certaine époque, ont été colonisés par les empires chrétiens se demandent aujourd'hui si le Dieu des chrétiens n'est pas seulement un symbole sacré servant à justifier les conquêtes territoriales.

La crainte que Dieu ne soit un construit idéologique est une expérience spirituelle que j'ai décrite comme une nuit obscure de l'âme[49]. De grands orants, de grandes orantes ont parlé de ces périodes de nuit obscure où ils devenaient douloureusement conscients des obstacles qui éloignaient leur cœur du Dieu qu'ils aimaient. La perception d'un écart infranchissable les plongeait au bord du désespoir jusqu'à ce qu'il leur fût donné de comprendre que la conscience critique qu'ils avaient d'eux-mêmes était elle-même une grâce divine. Alors que nous sommes guidés aujourd'hui par une compréhension plus complexe du péché, la nuit obscure de l'âme est vécue par des chrétiennes et des chrétiens qui craignent que Dieu ne soit qu'une fiction sacrée destinée à justifier l'inégalité et l'in-

---

48. Matthew Lamb, *Solidarity with Victims*, New York, Crossroad, 1982, p. 10.

49. Gregory Baum, *Compassion and Solidarity*, p. 78-84.

justice. Plongés dans cette épreuve de l'âme, certains finissent par perdre leur foi chrétienne. Ils le font pour des raisons théologiques et méritent tout notre respect. À d'autres, il est donné de reconnaître que leur profonde tristesse devant l'oppression infligée aux innocents et leur prise de conscience de la complicité de l'Église dans cette injustice sont des moments de grâce destinés à les arracher à leur aveuglement. Ceux-ci sont délivrés de leur nuit obscure quand il leur est donné de reconnaître en Dieu la source infinie de la libération, de la justice et de la miséricorde. Parce que ces chrétiennes et ces chrétiens adoptent une attitude critique envers leur société et leur Église, ils peuvent se sentir étrangers dans leur paroisse et préfèrent participer à des réseaux alternatifs tels Pax Christi, le Center of Concern et Développement et Paix.

Une nouvelle lecture de l'Eucharistie

L'option pour les pauvres mène à une compréhension plus profonde de la célébration eucharistique de la mort et de la résurrection du Christ. La commémoration de l'humiliation de Jésus crée un lien spirituel avec les victimes de l'histoire, passée et présente, qui ont aussi connu l'humiliation. Le retour de la torture comme pratique judiciaire dans de nombreux pays aggrave notre peine quand nous réfléchissons à la mort brutale du Christ sur la croix. Mais le souvenir de sa résurrection à l'Eucharistie renforce notre conviction que les puissants, qui infligent aux innocents la souffrance et la mort, n'auront pas le dernier mot et que toutes les victimes de l'histoire seront réhabilitées dans l'élévation du Christ. L'Eucharistie célèbre le passage du Christ de l'abîme au sommet le plus élevé : le fauteur de troubles, condamné par les chefs religieux et par les officiers de l'empire, élevé pour siéger à la droite de Dieu. Ce passage de l'abîme au sommet annonce le dessein rédempteur de Dieu pour l'ensemble de l'histoire : les derniers seront les premiers ; Dieu va subvertir la société. De plus, parce que la messe est un repas lors duquel les convives sont invités à manger, elle juge le monde pécheur où des millions de personnes ne peuvent manger et avoir part au don divin de la nourriture. En se faisant notre aliment à l'Eucharistie, le Christ révèle la volonté divine que tous et toutes aient accès à l'alimentation. Le lien entre le don que le Christ fait de lui-même et les éléments du pain et du vin révèle le matérialisme de la foi chrétienne : la promesse de la rédemption ne se cantonne pas dans l'ordre spirituel, mais elle comprend la délivrance de toutes les conditions matérielles d'oppression de la vie.

4

LA CULTURE DE LA PAIX

L'enseignement officiel

Je n'ai pas l'intention dans ce chapitre de résumer l'ensemble de l'enseignement le plus récent de l'Église sur la paix et la réconciliation. Comme le livre a pour but d'expliquer mon étonnement devant l'évolution remarquable de l'enseignement de l'Église, j'entends me concentrer sur les thèmes nouveaux qui sont apparus dans les documents officiels en lien avec ce que les papes appellent «la culture de la paix». Ces idées neuves trouvent leur origine dans l'encyclique *Pacem in terris*, publiée par Jean XXIII en 1963, qui appelait à renouveler l'approche en faveur de la paix dans le monde.

Ni Jean XXIII ni ses successeurs, pas plus que le concile Vatican II, n'ont appuyé la fameuse théorie de la «guerre juste » qui remonte à l'Antiquité chrétienne. Cette doctrine avait été élaborée pour apprivoiser le jeu sauvage de la guerre : elle exhortait les princes à s'imposer un temps de réflexion éthique avant de partir en guerre et à respecter un code d'honneur sur le champ de bataille. La théorie de la guerre juste exigeait (1) que la guerre soit justifiée autrement que par la soif de conquête, (2) que la guerre soit déclarée par l'autorité compétente sans attaque surprise, (3) qu'on livre la guerre selon une intention droite, pas simplement par esprit de vengeance, (4) qu'on assure la sécurité de la population civile (immunité des non-belligérants), (5) qu'il y ait un espoir raisonnable de succès et (6) que les moyens mis en œuvre soient proportionnels au tort qu'on veut corriger en combattant.

Diverses raisons expliquent que l'enseignement papal et conciliaire récent ait évité toute allusion à la théorie de la guerre juste. Cette thèse vénérable, qu'ont appuyée Augustin et Thomas (et dont le Catéchisme catholique garde le souvenir), semble tenir la guerre pour un phénomène universel, institution mortifère qui existe dans toutes les cultures et qu'il s'agit de contenir en faisant respecter certains principes de morale. Mais Jean XXIII refusait de voir dans la guerre une dimension permanente de l'histoire humaine : il la tenait plutôt pour une institution dépassée, à l'exemple de la conception de l'esclave-chose, qu'on pourrait abolir et qui finirait par disparaître. Il voyait aussi clairement que la nouvelle technologie militaire, notamment les armes atomiques et chimiques, rendait impossible l'immunité des non-belligérants, violait le principe de proportionnalité et, surtout, faisait planer sur le genre humain le spectre de la guerre totale. Parler de guerre juste dans le contexte historique actuel, aurait alimenté une illusion dangereuse. Le pape Jean observait aussi comment, avec la Guerre froide, les aspirations politiques de nombreux pays se trouvaient reliées d'une manière ou d'une autre au conflit entre les deux superpuissances, de sorte que les guerres régionales, manipulées en partie par ces superpuissances, nourrissaient l'hostilité entre elles et accroissaient le risque d'un affrontement nucléaire. La guerre morale, concluait-il, est devenue impossible. Attachés au message du Christ, les chrétiens s'opposeront d'autant plus fermement à la guerre.

Pourtant ni le pape Jean, ni ses successeurs, ni le concile du Vatican, n'ont adopté de position pacifiste. Leur enseignement n'entend pas interdire aux gens de se défendre contre une attaque d'une puissance étrangère. L'Église respecte la position pacifiste des objecteurs de conscience et favorise l'invention de stratégies non violentes pour résoudre les conflits graves, mais elle ne veut pas nier le droit de légitime défense.

Puisque ce livre veut faire ressortir les changements dramatiques survenus dans l'enseignement officiel de l'Église, il faut rappeler que dans le passé l'enseignement catholique (le *magisterium ordinarium*) ne reconnaissait pas aux objecteurs de conscience le droit de résister à la conscription. Pendant la Deuxième Guerre mondiale, un paysan autrichien du nom de Franz Jaegerstätter a refusé de servir dans l'armée allemande parce qu'il avait la conviction que cette guerre hitlérienne était un mal. Son curé puis son évêque ont dit à Jaegerstätter qu'il était tenu moralement d'obéir à l'ordre de mobilisation. C'est au collège des évêques qu'il revenait de décider si une guerre était juste ou injuste et non aux simples laïcs qui ne disposaient pas de l'information adéquate. Mais Franz Jaegerstätter a préféré suivre sa propre conscience : il a donc été traduit en cour martiale, puis exécuté par les autorités militaires allemandes[50]. Lors du débat sur la guerre et la paix au concile Vatican II, plusieurs évêques ont invoqué le témoignage de Franz Jaegerstätter pour exiger que l'Église modifie sa doctrine et respecte la conscience des catholiques qui refusent de porter les armes. La nouvelle position a été endossée par *Gaudium et spes*. (§ 78)

« Jamais plus la guerre ! » Ce fut le cri de Paul VI devant l'Assemblée générale des Nations unies, le 4 octobre 1965 : il suivait l'exemple de son prédécesseur en s'opposant ainsi à la guerre. Avec une égale cohérence et un grand courage, Jean-Paul II a condamné la guerre du Golfe en 1993, les bombardements en Afghanistan après les attentats terroristes du 11 septembre 2001 et l'attaque préventive en Irak, qui allait à l'encontre du droit international. Voici le message de Jean-Paul II à l'ambassadeur des États-Unis près

---

50. Gordon ZAHN, *In Solitary Witness : The Life and Death of Franz Jaegerstätter*, New York, Holt, Rinehart and Winston, 1964.

le Saint-Siège le 15 septembre 2001 : « L'Amérique est appelée à chérir et à pratiquer les valeurs les plus profondes de son patrimoine national : la solidarité et la coopération entre les peuples, le respect des droits de la personne, et la justice, condition indispensable à la liberté et à une paix durable. » Le Pape expliquerait par la suite qu'il faut sans doute capturer, traduire en justice et punir les terroristes, mais sans que des innocents soient blessés pour autant et que la vindicte populaire se déverse sur le pays, la religion ou le groupe ethnique auxquels appartiennent les coupables.

Le 15 octobre 2001, Mgr Rafael Martino, alors observateur permanent du Vatican aux Nations unies, déclarait ceci :

> Nous n'honorons pas la mémoire des victimes de cette tragédie en négligeant d'en rechercher les causes. [...] Même si la pauvreté n'est pas en elle-même la cause du terrorisme, nous ne saurions combattre efficacement le terrorisme sans nous attaquer aux disparités croissantes entre riches et pauvres. Il nous faut reconnaître qu'une disparité globale est fondamentalement incompatible avec la sécurité globale. [...] La pauvreté et les autres situations de marginalisation qui absorbent la vie de tant d'êtres humains, notamment la négation de la dignité humaine, la violation des droits humains, l'exclusion sociale, les situations de refuge intolérables, le déplacement intérieur et extérieur des populations, et l'oppression physique et psychologique sont autant de bouillons de culture qui n'attendent que d'être exploités par des terroristes. En

recherchant les causes du terrorisme, nous ne le justifions en aucune façon. Mais tout effort sérieux pour réduire la criminalité ne peut se limiter à une augmentation du travail policier. Toute campagne sérieuse contre le terrorisme doit s'attaquer aux conditions sociales, économiques et politiques qui favorisent l'émergence du terrorisme.

Ce qui est encore plus remarquable, c'est que les grandes dénominations chrétiennes aux États-Unis, embarrassées par la rhétorique chrétienne du président Bush, ont trouvé difficile de reconnaître la légitimité morale de la guerre contre l'Irak et ont exigé qu'on réfléchisse sérieusement aux causes profondes des attaques terroristes[51].

Dans son encyclique *Pacem in terris*, le pape Jean proposait des idées neuves sur la question de la guerre et de la paix. Après avoir analysé les facteurs politiques, économiques et culturels à l'origine des conflits et des guerres, il recommandait des pratiques favorables à la coopération pacifique. La même analyse a inspiré la section de *Gaudium et spes* qui traite de guerre et de paix. Pour agir d'une manière responsable dans le monde, il faut déchiffrer correctement le contexte historique, analyser les événe-

---

51. Joe FEUERHERD, « Christian opposition to attack on Iraq is widespread, but not universal », *The National Catholic Reporter*, 7 février 2003. Voir aussi le site www.FaithAndValues.com, « Faith Groups Respond to War in Iraq ». Dans une lettre pastorale du 14 novembre 2001, les évêques catholiques ont invité les fidèles à réfléchir aux critères de la guerre juste. En réponse, le 17 décembre 2001, un groupe de catholiques a publié « A Declaration of American Catholics on the War Against Terrorism », qui a recueilli des milliers de signatures. Voir *The Ecumenist*, 39 (printemps 2002), p. 4-6.

ments importants, identifier les facteurs à l'origine des conflits et appuyer les mesures pratiques qui favorisent la réconciliation de la famille humaine dans la paix et la justice.

Les signes des temps qui ont fortement impressionné le pape Jean – comme nous l'avons vu au chapitre premier – furent la fondation des Nations unies, la Déclaration universelle des droits de l'homme et la lutte presque universelle pour l'émancipation des travailleurs, des femmes et des peuples colonisés. Craignant que les hostilités n'éclatent entre les deux superpuissances, le Pape plaidait pour que tous les États s'engagent par traité à respecter les droits de la personne, première étape vers la proscription complète de la guerre. L'interdépendance des nations et de leurs économies, disait-il, et la portée internationale de nombreuses activités humaines exigent qu'on porte attention au bien commun et appellent une autorité capable de le protéger. Ce que recommandait *Pacem in terris*, ce n'était pas un gouvernement mondial, mais une institution mondiale capable de susciter des lois et des pactes internationaux et de les faire appliquer s'ils n'étaient pas observés. Le pape Jean et ses successeurs ont appuyé les organismes des Nations unies dans leurs nombreux efforts pour promouvoir la paix et la coopération.

Les meilleures institutions ne pourront jamais arriver à leurs fins si elles ne sont pas soutenues et appuyées par ce que *Pacem in terris* a appelé «une culture de la paix», l'attitude intellectuelle de personnes qui regardent le monde dans une perspective d'engagement pour la solidarité universelle. Quelques dizaines d'années plus tard, Jean-Paul II allait explorer le sens de «la culture de la paix» dans ses messages annuels pour la Journée mondiale de la paix et formuler une série d'impératifs culturels que l'enseignement de l'Église n'avait pas soulignés jusque-là et qui soulèvent des questions théologiques pour lesquelles il n'existe toujours pas de réponses définitives.

Les messages pour la Journée mondiale de la paix

La Journée mondiale de la paix, instituée par Paul VI en 1967, est célébrée chaque année le premier janvier depuis 1968; à cette occasion, le Pape publie un message en faveur de la coexistence pacifique et de la solidarité universelle. Les messages de Jean-Paul II constituent, à mon avis, une œuvre originale prônant des principes éthiques que l'Église elle-même n'avait guère reconnus jusqu'ici et qui remettent en question ses pratiques publiques. L'insistance du Pape sur la culture de la paix, il faut le remarquer, n'est pas un geste idéaliste qui négligerait les enjeux matériels liés à l'inégalité du pouvoir politique et économique. Jean-Paul II critique l'impérialisme américain et, en réponse à la mondialisation néolibérale, affirme «l'urgence de repenser l'économie[52]».

Examinons de plus près la conception que se fait le pape de la culture de la paix. La culture de la paix, plaide-

---

52. *Message pour la Journée mondiale de la Paix 2000*, § 15.

t-il avec passion, prédispose les sociétés et les collectivités en leur sein à engager le dialogue.

Le dialogue exige donc au préalable l'ouverture et l'accueil : que chaque partie expose ses données, mais écoute aussi l'exposé de la situation telle que l'autre la décrit, la ressent sincèrement, avec les vrais problèmes qui lui sont propres, ses droits, les injustices dont elle a conscience, les solutions raisonnables qu'elle propose. Comment la paix pourrait-elle s'établir lorsqu'une partie ne s'est même pas souciée de considérer les conditions d'existence de l'autre !

Dialoguer suppose donc que chacun accepte cette différence et cette spécificité de l'autre, qu'il prenne bien la mesure de ce qui le sépare de l'autre, et qu'il l'assume, avec le risque de tension qui en résulte, sans renoncer par lâcheté ou par contrainte à ce qu'il sait être vrai et juste, ce qui aboutirait à un compromis boiteux, et, inversement, sans prétendre non plus réduire l'autre à un objet, mais en l'estimant sujet intelligent, libre et responsable.

Le dialogue est en même temps la recherche de ce qui est et reste commun aux hommes, même dans les tensions, oppositions et conflits. En ce sens, c'est partager avec lui la responsabilité devant la vérité et la justice. C'est proposer et étudier toutes les formes possibles d'honnête conciliation, en sachant joindre à la juste défense des intérêts et de l'honneur de la partie que l'on représente la non moins juste compréhension et le respect des raisons de l'autre partie, ainsi que les exigences du bien général commun aux deux[53].

---

53. Les trois citations sont tirées du *Message pour la Journée mondiale de la Paix 1983*, § 6.

Si nous examinons l'histoire de l'Église à la lumière de ce principe éthique, nous devons reconnaître à regret que l'Église n'a jamais appliqué ce principe dans ses rapports avec les autres religions ou en réaction à ses propres conflits internes. L'appel au dialogue, tel qu'il ressort des paragraphes cités ci-dessus, relève d'«un nouvel horizon éthique» – terme que nous avons défini au chapitre premier –, d'un nouveau jeu de valeurs culturelles qui obligent l'Église à repenser l'impératif éthique de l'Évangile. Nous l'avons vu, *Gaudium et spes* a confirmé sur des bases chrétiennes les valeurs modernes de la liberté, de l'égalité et de la participation sans perdre de vue le fait que la modernité avait trahi son horizon éthique en péchant contre la solidarité. La liberté, l'égalité et la participation exigent que les rapports entre les peuples et leurs cultures soient déterminés d'abord par le dialogue et, en second lieu seulement (advenant que l'absence de bonne volonté rende tout dialogue impossible), par le conflit. Le nouveau principe éthique reconnu par Jean-Paul II a été formulé par des philosophes et des théologiens contemporains qui ont exploré la nature dialogique de l'existence humaine et qui ont influencé la pensée personnaliste du pape quand il était encore professeur à l'université de Cracovie[54].

Le dialogue qui conduit à la paix et à la réconciliation exige que chacune des parties se familiarise avec l'histoire des autres.

---

54. Kenneth SMITH, «The Personalist Philosophy of Karol Wojtyla» dans *New Catholic Encyclopedia : Jubilee Volume – The Wojtyla Years*, p. 29-32.

Une relecture correcte de l'histoire fera plus facilement accepter et apprécier les différences sociales, culturelles et religieuses qui existent entre les personnes, les groupes et les peuples. C'est le premier pas vers la réconciliation, car le respect des diversités constitue une condition nécessaire et une dimension déterminante pour d'authentiques relations entre les individus et entre les collectivités. Vouloir abolir les diversités peut donner naissance à une paix apparente, mais cela crée une situation précaire qui, en fait, prélude à de nouvelles explosions de violence[55].

Dans ses messages pour la Journée mondiale de la paix, le Pape s'attaque à un problème important dans le monde d'aujourd'hui : le respect de la différence, l'appréciation de l'altérité, l'éloge de la diversité. Une question qui n'a pas encore trouvé de solution en théologie catholique.

Chaque personne, comme membre de l'unique famille humaine, doit comprendre et respecter la valeur de la diversité entre les hommes et l'ordonner au bien commun. Une intelligence ouverte, désireuse de mieux connaître le patrimoine culturel des minorités avec lesquelles elle entre en contact, contribuera à éliminer les attitudes inspirées par des préjugés qui font obstacle à de saines relations sociales. Il s'agit là d'un processus qui doit être continuellement poursuivi, car de tels comportements renaissent trop souvent sous de nouvelles formes[56].

---

55. *Message pour la Journée mondiale de la Paix 1997*, § 3.
56. *Message pour la Journée mondiale de la Paix 1989*, § 3.

Les diversités culturelles sont donc à comprendre *dans la perspective fondamentale de l'unité du genre humain*, donné historique et ontologique premier à la lumière duquel il est possible de saisir le sens profond des diversités elles-mêmes. En vérité, seule la vision contextuelle aussi bien des éléments d'unité que des diversités rend possible la compréhension et l'interprétation de la pleine vérité de toute culture humaine[57].

Dans le passé, les diversités entre les cultures se sont souvent révélées source d'incompréhensions entre les peuples, et aussi motif de conflits et de guerres. Mais encore aujourd'hui, malheureusement, dans diverses parties du monde, c'est avec une appréhension croissante que nous assistons *à l'affirmation polémique de certaines identités culturelles contre d'autres cultures*. Ce phénomène peut à la longue dégénérer en tensions et en affrontements désastreux[58].

Le respect de la différence est un élément essentiel à la culture de la paix. Les catholiques peuvent-ils respecter les juifs, les musulmans, les hindous et les bouddhistes dans leurs différences ou sont-ils tenus de voir en eux des néophytes potentiels de la foi chrétienne? Avons-nous le droit de nous réjouir du pluralisme religieux ou devons-nous y voir un défaut de l'histoire que seule pourra corriger la conversion de l'humanité à l'unique vraie foi? Nous verrons au prochain chapitre comment le pape Jean-Paul II s'attaque à cette importante question.

---

57. *Message pour la Journée mondiale de la Paix 2001*, § 7.
58. *Ibid*, § 8.

La culture de la paix comprend aussi le respect des identités collectives. Le Pape exige que les minorités culturelles ou religieuses soient protégées par la loi au sein de la société politique. L'immigration massive provoquée par la mondialisation économique a suscité dans plusieurs pays de nouvelles communautés culturelles dont les droits doivent être respectés par l'ensemble de la société. Par ailleurs, le Pape se demande comment l'ensemble de la société qui a accueilli de nouvelles communautés culturelles devra protéger sa propre identité culturelle. La société qui reçoit a, elle aussi, droit à l'autodétermination culturelle. Le Pape reconnaît qu'il y a là une question épineuse : les politiques identitaires cultivées par de petites communautés et par de grandes sociétés peuvent engendrer des contextes politiques explosifs. Il traite la question en soulignant l'ambivalence de toutes les cultures humaines : on y retrouve des courants ouverts aux influences de l'extérieur et disposés à apprendre d'autrui, mais aussi des courants qui érigent des murs et engendrent la suspicion ou même l'hostilité à l'endroit des étrangers. Pour être ouvertes aux autres et pour promouvoir la justice, les cultures doivent être des réalités dynamiques, capables de relever de nouveaux défis avec créativité. La culture de la paix reconnaît aux collectivités le droit de défendre leur identité culturelle à condition d'admettre que leur attachement à la solidarité universelle doit décloisonner leur façon de se comprendre comme cultures. En termes théologiques, toutes les cultures ont besoin de rédemption – c'est-à-dire d'être libérées des tendances préjudiciables aux autres et d'être renforcées pour promouvoir la paix universelle dans la diversité.

La religion aussi, toujours selon le Pape, est ambivalente : elle aussi a besoin de changer de manière à promouvoir une culture de la paix et contribuer à la réconciliation de la famille humaine. Il y a dans toute religion une zone d'ombre qui alimente le mépris, la persécution et les croisades. Les chefs d'État, écrit le Pape, « ne devront pas céder à la tentation de se servir des religions comme d'un instrument au service de leur propre pouvoir, spécialement quand il s'agit de s'opposer militairement à l'adversaire[59] ».

> Voilà pourquoi j'ai pu dire avec tant de conviction à Drogheda, en Irlande, et je redis encore : « La violence est un mensonge, car elle va à l'encontre de la vérité de notre foi, de la vérité de notre humanité. [...] N'ayez pas confiance en la violence ; n'appuyez pas la violence. Ce n'est pas le chemin chrétien. Ce n'est pas le chemin de l'Église catholique. Croyez en la paix, au pardon et à l'amour : ils sont du Christ[60]. »

Pour promouvoir une culture de la paix, la religion doit se purifier d'un discours et de gestes symboliques qui alimentent la mauvaise volonté ou l'hostilité à l'égard des autres communautés de foi.

---

59. *Message pour la Journée mondiale de la Paix 1992*, § 8.
60. *Message pour la Journée mondiale de la Paix 1980*, § 10.

En premier lieu, les responsables des Confessions religieuses sont tenus de présenter leur enseignement. [...] de manière compatible avec les exigences de la convivialité dans le respect de la liberté de chacun. De même ceux qui adhèrent aux diverses religions devraient – individuellement et en communauté – exprimer leurs convictions et organiser le culte ainsi que toute autre activité particulière en respectant aussi les droits des autres personnes qui n'appartiennent pas à cette religion ou qui ne professent pas un credo[61].

Le Pape est tellement inquiet de la bombe à retardement que constitue le contexte mondial actuel qu'il fait une priorité de la promotion de la paix dans la pluralité et qu'il est disposé à évaluer la vie de l'Église en fonction du service qu'elle rend à la solidarité mondiale. Voilà une orientation nouvelle et audacieuse, dont nous verrons au prochain chapitre qu'elle influence la position du Pape en matière de pluralisme religieux.

La culture de la paix exige aussi que les différentes parties acceptent de revenir sur l'histoire de leurs rapports.

L'histoire porte en elle-même un lourd fardeau de violences et de conflits dont il n'est pas facile de se libérer. Les injustices, les oppressions, les guerres, ont fait souffrir d'innombrables êtres humains, et même si les causes de ces phénomènes douloureux se perdent dans la nuit des temps, leurs effets restent vifs et destructeurs, et ils alimentent les peurs, les soupçons, les haines et les fractures entre des

---

61. *Message pour la Journée mondiale de la Paix 1988*, § 4.

familles, des groupes ethniques, des populations entières. Ce sont là des données de fait qui mettent à dure épreuve la bonne volonté de ceux qui voudraient se soustraire à leur conditionnement. Pourtant, il reste vrai que nous ne pouvons rester prisonniers du passé : pour les individus comme pour les peuples, il faut une sorte de «purification de la mémoire», afin que les maux d'hier ne se reproduisent plus. Il ne s'agit pas d'oublier ce qui est arrivé mais d'en faire une relecture avec des sentiments nouveaux et d'apprendre, par les expériences subies, que seul l'amour construit tandis que la haine engendre dévastations et ruines. À la vengeance mortifère répétée, il faut substituer la nouveauté libératrice du pardon[62].

Jean-Paul II a plaidé à plusieurs reprises pour une «purification de la mémoire» et pour une «guérison de la mémoire».

La purification de la mémoire est la démarche spirituelle qui transforme la communauté au moment où elle reconnaît, confesse et regrette le fait de s'être engagée dans le passé et d'être encore engagée dans des pratiques chargées de péché qui ont fait du tort à d'autres personnes et à leurs communautés. Puisque nous aimons la communauté à laquelle nous nous identifions, il n'est pas facile de regarder en face l'histoire de ses fautes. Nous l'avons vu au chapitre précédent, le Pape a insisté pour que l'Église catholique pratique elle-même la purification de la mémoire. Il a lui-même participé à une liturgie péniten-

---

62. *Message pour la Journée mondiale de la Paix 1997*, § 3.

tielle solennelle à Rome, le 12 mars 2000, et il demandé aux Églises régionales de confesser les péchés qui ont marqué leur histoire. Lorsque des sociétés ou des collectivités refusent de reconnaître les pratiques injustes et violentes qui entachent leur passé, elles deviennent un obstacle à la paix sociale. Par contre, si les personnes et leurs organisations reconnaissent publiquement les gestes d'oppression posés dans le passé, elles offrent à ceux et celles qui en ont été victimes l'occasion de pardonner et de promouvoir ainsi un règlement pacifique du différend. Les Églises canadiennes ont pratiqué la purification de la mémoire quand elles ont exprimé leurs regrets et demandé pardon aux peuples autochtones pour s'être autrefois identifiées naïvement aux puissances coloniales.

La guérison de la mémoire est la démarche qui permet aux victimes de se libérer du ressentiment et du désir de vengeance pour acquérir une conscience capable de réconciliation. Comme le Pape a lui-même vécu l'horreur de la guerre et de l'oppression infligée au peuple polonais par l'Allemagne nazie pendant le deuxième conflit mondial, il a lui-même pratiqué la guérison de la mémoire. Il ne suggère aucunement d'oublier la cruauté et l'oppression. Il affirme, au contraire, que si ces événements restent vivants dans la mémoire pour nourrir le ressentiment, ils risquent de provoquer des gestes publics dirigés contre des innocents simplement parce que ceux-ci appartiennent au groupe ou à la communauté de l'ancien oppresseur. S'il faut punir la partie coupable, il ne suffit pas de châtier pour transcender les humiliations subies dans le passé. Pour connaître la guérison, pour être en mesure de négocier la paix et de jeter les bases d'une coexistence durable, le pardon reste une étape indispensable. Le monde entier a admiré Nelson Mandela d'avoir pu, après 26 ans en prison, négocier de bonne foi et sans ressentiment le démantèlement de l'apartheid avec le gouvernement sud-africain. Je veux citer ici le message inoubliable d'Etty Hillesum, mystique juive néerlandaise internée dans un camp de concentration d'où elle allait être expédiée vers un camp d'extermination et exécutée. Elle écrivit à une amie juive qui avait vu deux de ses fils assassinés par les Nazis pour communier à son deuil, mais en lui recommandant de ne pas chercher de consolation dans la haine. Car si nous cédons à la haine, expliquait-elle, nous risquons d'alimenter un mouvement de violence qui pourrait entraîner la mort d'autres personnes innocentes[63].

Pardonner ne signifie pas oublier. Pardonner, explique le pape, nous permet de nous rappeler les blessures que nous avons subies de manière à savoir prévenir le mal dans l'avenir. Dans l'Écriture, Dieu dit au peuple d'Israël: «Parce que tu as été un étranger dans la terre d'Égypte, tu ne maltraiteras pas les étrangers, et tu ne les opprimeras pas.» (Ex 22, 21) En souvenir de l'Holocauste, le rabbin Irving Greenberg a interprété l'expression «Jamais plus!», souvent

---

63. Gregory Baum, «The Witness of Etty Hillesum», *The Ecumenist* 23 (janvier-février 1985), p. 27.

répétée par les Juifs, comme signifiant que jamais les Juifs ou aucun autre peuple ne seraient plus humiliés ou éliminés[64]. Si nous sommes capables de pardonner, dit le pape, le souvenir du mal subi nous poussera à être solidaires des autres communautés et à prévenir les actes de violence infligés aux autres.

Le pardon est un impératif dans l'Évangile. Dans le Notre Père, nous nous engageons à pardonner à ceux qui nous ont offensés ou qui ont péché contre nous. Le Pape est convaincu que le pardon au nom de la paix et de la réconciliation est pratiqué par toutes les religions mondiales et correspond à une aspiration profonde du cœur humain. Jean-Paul II s'inspire ici d'un courant de la tradition théologique catholique pour lequel les normes éthiques élevées prêchées par Jésus Christ, même si elles entrent en conflit avec la culture dominante d'une société, sont réellement en harmonie avec le penchant profond de la nature humaine. La rédemption est vue ici comme la réponse aux aspirations de l'ordre créé. La société exige que justice soit rendue et que les coupables soient punis, mais les victimes aspirent à quelque chose de plus : elles veulent être délivrées de la colère et du ressentiment, pouvoir de nouveau regarder l'avenir avec sérénité et

---

64. Il s'agit d'une citation du rabbin Irving Greenberg lors du congrès de 1974, «Auschwitz: Beginning of a New Era?», que j'ai rapportée dans mon article «Theology After Auschwitz: A Conference Report», *The Ecumenist* 12 (juillet-août 1974), p. 68. Pour un exposé détaillé de l'approche théologique du rabbin Greenberg, voir Eva FLEISCHNER (sous la dir. de), *Auschwitz: Beginning of a New Era?* New York, KTAV Publishing House, 1977, p. 7-56.

cultiver la paix. Même les victimes qui sont incapables de pardonner souhaiteraient pouvoir le faire : elles aspirent à une libération spirituelle.

Ce qui nous amène à un principe plus général, que Jean-Paul II défend passionnément. Il insiste sur le fait que la justice ne suffit pas pour résoudre les conflits entre communautés. Ce qui rend possible la réconciliation, ce n'est pas seulement d'établir entre elles des rapports de justice, mais aussi de guérir les blessures que leur a infligées une histoire d'injustices. La justice a besoin d'un supplément de pardon. Les négociations entre communautés qui visent à instituer des rapports équitables n'arriveront à leur but que si les participants mettent sur la table une conscience disposée à pardonner et à se remémorer d'une manière nouvelle les torts infligés dans le passé, comme mise en garde contre toute répétition éventuelle.

Par ses messages pour la Journée mondiale de la paix, Jean-Paul II a appuyé les efforts des Nations unies pour promouvoir « le dialogue des civilisations ». Dans un ouvrage qui a rejoint un vaste public, Samuel Huntington a soutenu que puisque les religions mondiales ont des valeurs incompatibles, les civilisations qu'elles ont engendrées sont vouées à l'affrontement[65]. Il a notamment annoncé l'affrontement entre le monde musulman et l'Occident. À l'opposé, le Pape estime que les religions

---

65. Samuel HUNTINGTON, *The Clash of Civilizations and the Remaking of the World Order*, New York, Touchstone, 1996.

mondiales partagent de nombreuses valeurs et qu'elles sont destinées à coopérer et à défendre ensemble le bien-être de l'humanité et de la Terre.

> Le dialogue entre les cultures, instrument privilégié pour édifier la civilisation de l'amour, repose sur la conscience qu'*il existe des valeurs communes à toutes les cultures*, parce qu'elles sont enracinées dans la nature de la personne. Par ces valeurs, l'humanité exprime ses traits les plus vrais et les plus caractéristiques. [...] Les différentes religions peuvent et doivent, elles aussi, apporter une contribution décisive en ce sens. L'expérience que j'ai vécue tant de fois lors de rencontres avec des représentants d'autres religions – je me rappelle en particulier la rencontre d'Assise en 1986 et celle de la place Saint-Pierre en 1999 – me confirme dans la certitude que l'ouverture réciproque de ceux qui appartiennent à diverses religions peut produire de grands bénéfices pour servir la cause de la paix et du bien commun de l'humanité[66].

Le 24 janvier 2002, Jean-Paul II a résumé sa façon de voir le dialogue des civilisations dans une déclaration remarquable, le *Décalogue d'Assise pour la paix*, texte qui fut ensuite envoyé à tous les chefs d'État ou de gouvernement. Cette déclaration est remarquable en ce qu'elle exprime une nouvelle conception du dessein de Dieu sur l'humanité : il s'agit là d'une proposition théologique sans précédent dans l'histoire de l'enseignement officiel de

---

66. *Message pour la Journée mondiale de la Paix 2001*, § 16.

l'Église, proposition qui influencera la pensée de l'Église en matière de pluralisme religieux, comme nous le verrons au prochain chapitre.

1. Nous nous engageons à proclamer notre ferme conviction que la violence et le terrorisme s'opposent au véritable esprit religieux et, en condamnant tout recours à la violence et à la guerre au nom de Dieu ou de la religion, nous nous engageons à faire tout ce qui est possible pour éradiquer les causes du terrorisme.

2. Nous nous engageons à éduquer les personnes au respect et à l'estime mutuels, afin que l'on puisse parvenir à une coexistence pacifique et solidaire entre les membres d'ethnies, de cultures et de religions différentes.

3. Nous nous engageons à promouvoir la culture du dialogue, afin que se développent la compréhension et la confiance réciproques entre les individus et entre les peuples, car telles sont les conditions d'une paix authentique.

4. Nous nous engageons à défendre le droit de toute personne humaine à mener une existence digne, conforme à son identité culturelle, et à fonder librement une famille qui lui soit propre.

5. Nous nous engageons à dialoguer avec sincérité et patience, ne considérant pas ce qui nous sépare comme un mur insurmontable, mais, au contraire, reconnaissant que la confrontation avec la diversité des autres peut devenir une occasion de plus grande compréhension réciproque.

6. Nous nous engageons à nous pardonner mutuellement les erreurs et les préjudices du passé et du présent, et à nous

soutenir dans l'effort commun pour vaincre l'égoïsme et l'abus, la haine et la violence, et pour apprendre du passé que la paix sans la justice n'est pas une paix véritable.

7. Nous nous engageons à être du côté de ceux qui souffrent de la misère et de l'abandon, nous faisant la voix des sans-voix et œuvrant concrètement pour surmonter de telles situations, convaincus que personne ne peut être heureux seul.

8. Nous nous engageons à faire nôtre le cri de ceux qui ne se résignent pas à la violence et au mal, et nous désirons contribuer de toutes nos forces à donner à l'humanité de notre temps une réelle espérance de justice et de paix.

9. Nous nous engageons à encourager toute initiative qui promeut l'amitié entre les peuples, convaincus que, s'il manque une entente solide entre les peuples, le progrès technologique expose le monde à des risques croissants de destruction et de mort.

10. Nous nous engageons à demander aux responsables des nations de faire tous les efforts possibles pour que, aux niveaux national et international, soit édifié et consolidé un monde de solidarité et de paix fondé sur la justice.

Réflexions théologiques

Le mot *pluralisme* a différentes acceptions. Certains théologiens y voient une façon de penser paresseuse qui vide la vérité de son sens. Dans ce cas, *pluralisme* équivaut à *relativisme*. D'autres s'inquiètent de ce que le pluralisme ne soit qu'un reflet du marché, ou pire du supermarché, où les clients choisissent ce qui les attire le plus. Des penseurs radicaux regardent le pluralisme avec suspicion parce qu'ils croient qu'il masque les divisions importantes au sein de la société en les diluant dans un océan d'opinions différentes. David Tracy a présenté du pluralisme une défense brillante d'un point de vue théologique, et je l'ai résumée dans un article[67].

Le pluralisme compris et pratiqué à son mieux met en dialogue des partenaires qui sont fidèles à leurs traditions et à leurs approches philosophiques respectives ; qui respectent les positions intellectuelles de l'autre ; qui essaient de comprendre son point de vue, qui se laissent questionner par lui et qui essaient de réagir à cette inter-pellation en enrichissant leur propre tradition soit en exhumant une intuition oubliée soit en imaginant de tirer des symboles traditionnels un sens pertinent qu'on n'au-rait pas exploré jusqu'ici.

Quand il propose une culture de la paix, Jean-Paul II offre une vision pluraliste de l'humanité, réconciliée par le dialogue, respectueuse des différences, repentante pour les agressions passées, prête à pardonner les afflictions subies et unie par des vertus communes soutenues par diverses traditions religieuses et sapientielles. Cette proposition n'est pas l'équivalent de l'humanisme traditionnel. L'hu-manisme classique travaillait à pacifier la famille humaine

---

67. David TRACY, *Blessed Rage for Order*, New York, Seabury Press, 1978, p. 1-14. Pour mon résumé, voir Gregory BAUM, *Theology and Society*, New York, Paulist Press, 1987, p. 193.

en la faisant communier aux mêmes valeurs tandis que la proposition du Pape comporte l'accueil des différences impossibles à résoudre. Le dialogue des civilisations que l'Église veut promouvoir et servir transcende la sagesse purement profane du règlement des différends et préfigure le drame complexe du repentir et du pardon pour lequel seules les religions ont un discours adéquat.

Déjà l'idée d'une culture de la paix est quelque chose de nouveau dans la tradition catholique. Nous n'avions pas l'habitude de dialoguer avec les gens et avec les collectivités qui n'étaient pas d'accord avec nous ; nous ne faisions pas l'effort de regarder de leur point de vue leurs idées et leurs pratiques ; nous ne pensions pas être tenus de pratiquer une écoute attentive de l'autre ; nous réagissions de manière défensive aux contestataires parmi nous et aux adeptes des autres religions. Enfants d'une autre époque, élevés selon un horizon éthique différent, nous faisions de l'apologétique : nous défendions notre vérité sans nous soucier de ce que nous pouvions apprendre de nos adversaires. Nous ne concevions pas que nous pouvions appartenir à une Église qui apprenait : nous ne croyions pas que Dieu puisse nous parler par la voix du dissentiment. La culture de la paix que propose Jean-Paul II déplore implicitement l'histoire tragique du christianisme qui a suscité, au lieu du dialogue et du respect de la différence, le conflit, le mépris, l'hostilité et la guerre.

Qu'est-ce qui autorisait Jean-Paul II à formuler cette proposition novatrice ? Nous revenons ici à la théologie des «signes des temps» qu'a introduite Jean XXIII et que nous avons présentée au chapitre premier. Certains événements historiques exigent une réaction à la lumière de la foi chrétienne. Nous n'avons pas le droit de prêcher l'Évangile comme si ces événements n'avaient pas eu lieu ; nous sommes obligés de nous demander comment y réagir en tant que chrétiennes et chrétiens, éclairés par la révélation divine. Les signes des temps qui ont permis à Jean-Paul II de formuler cette interprétation audacieuse de la mission de l'Église sont, à mon avis, le risque imminent de la guerre, l'explosion possible d'une violence mondiale, l'affrontement meurtrier des civilisations. Dans le contexte historique actuel, qui révèle la vraie nature du péché humain, on ne peut être disciple de Jésus Christ sans pratiquer le dialogue, le pardon, la justice et la paix.

Quel est le fondement doctrinal de la culture de la paix ? À mon avis, c'est la découverte récente de la présence rédemptrice de Dieu dans l'ensemble de l'histoire et du devoir de solidarité universelle de l'Église, en commençant par les pauvres et les autres affligés. Nous avons discuté de ce développement doctrinal au chapitre 2. Le don que le Christ fait de lui-même et qui aboutit à sa mort en croix révèle l'amour infini de Dieu et la grâce offerte à l'ensemble de l'humanité. Sur la croix, le Christ a abattu le mur de séparation, surmonté les divisions causées par le péché et réconcilié les différentes familles ici-bas. La Parole de Dieu et l'Esprit de Dieu sont à l'œuvre dans l'histoire pour réconcilier les personnes humaines et leurs sociétés en conflit entre elles, avec la terre où elles vivent et avec Dieu à l'image de qui elles ont été créées. L'évolution de l'enseignement de l'Église nous permet de penser le Dieu trinitaire comme un mystère de réconciliation qui est à l'œuvre dans le monde en appuyant la culture de la paix et le dialogue des civilisations. Ce que ne dit pas l'Écriture, c'est si la présence divine réconciliatrice aboutira à la libération et à la pacification de l'humanité ici-bas ou si le péché humain résistera à l'action de la grâce de Dieu et finira par provoquer l'effondrement de toutes les civilisations, reportant ainsi dans l'âge à venir la victoire finale de Dieu.

La solidarité universelle à laquelle est appelée l'Église lui impose de repenser sa mission dans le monde. L'Église est envoyée par Jésus Christ proclamer son message de salut et révéler par ses paroles et ses actions l'amour de Dieu pour l'ensemble de la famille humaine prisonnière du péché. L'Église est envoyée travailler au service de l'opération de sauvetage lancée par la grâce de Dieu pour arracher la communauté humaine aux courants pervers qui cherchent à la détruire. L'Église est appelée par son fondateur à œuvrer non pas pour son propre bien commun mais pour le bien commun de l'humanité. L'Église est pour les autres. Ce qui veut dire, en termes concrets, que si nous voulons agir au service de l'Église et que nous découvrons que cette action pourrait faire tort à la grande famille de l'humanité, nous devrons renoncer à agir. L'appel de l'Église à la solidarité universelle, en commençant par les pauvres et les affligés, est implicite – me semble-t-il – dans l'audacieuse promotion que fait Jean-Paul II de «la culture de la paix» et du «dialogue des civilisations». Je donne le nom de *catholicisme solidaire* à la forme de catholicisme romain qui est ainsi en train de prendre forme.

5

SE RÉJOUIR DU PLURALISME RELIGIEUX

L'enseignement officiel

Pendant des siècles, l'Église catholique a cru que les non-catholiques allaient en enfer après leur mort. Voici le fameux texte des actes du concile œcuménique de Florence (1439-1445) :

> [La très sainte Église romaine] croit fermement que ceux qui se trouvent en dehors de l'Église catholique, non seulement païens, mais encore juifs ou hérétiques et schismatiques, ne peuvent devenir participants à la vie éternelle mais iront «dans le feu éternel qui est préparé par le diable et ses anges» (Mt 25, 41), à moins qu'avant la fin de leur vie ils ne lui aient été agrégés[68].

---

68. Heinrich DENZINGER, *Symboles et définitions de la foi catholique. Enchiridion symbolum, definitionum et declarationum de rebus fidei et morum*, Édité par Peter

Le même paragraphe précise ensuite le sort des individus qui quittent les rangs de l'Église catholique :

L'unité du corps de l'Église a un tel pouvoir que les sacrements de l'Église n'ont d'utilité en vue du salut que pour ceux qui demeurent en elle : pour eux seuls jeûnes, aumônes et tous les autres devoirs de la piété et exercices de la milice chrétienne enfantent les récompenses éternelles, et personne ne peut être sauvé, si grandes que soient ses aumônes, même s'il verse son sang pour le nom du Christ, s'il n'est pas demeuré dans le sein et dans l'unité de l'Église catholique.

Cette vision bipolaire de l'humanité – l'Église éclairée et rachetée par le Christ, et le reste du monde plongé dans l'erreur et exclu du salut – était véhiculée par la liturgie catholique. La grande prière de la liturgie du Vendredi saint, avant les réformes qui ont suivi le concile Vatican II, décrivait l'humanité en dehors de l'Église comme formée d'hérétiques, de schismatiques, de juifs et de païens. Voici le texte de ces prières solennelles :

Prions pour les hérétiques et les schismatiques. Que notre Dieu et Seigneur les sauve de toutes leurs erreurs. Qu'Il daigne les rappeler à notre sainte Mère l'Église catholique et apostolique.

Prions pour les juifs. Que le Seigneur notre Dieu arrache le voile de leurs cœurs afin qu'ils sachent, eux aussi, recon-

Hünermann pour l'édition originale et par Joseph Hoffmann pour l'édition française, Paris, Cerf, 1996, § 1351, p 387.

naître notre Seigneur Jésus Christ. [...] Puissent-ils accepter la lumière de la vérité. [...] et être arrachés aux ténèbres...

Prions aussi pour les païens. Que Dieu tout-puissant extirpe le mal de leur cœur. Puissent-ils renoncer à leurs idoles et se convertir au Dieu vivant et vrai et à son Fils unique, Jésus Christ.

Puisque la *lex orandi* est la *lex credendi* – autrement dit, puisque la liturgie publique façonne la foi des gens – il n'y a pas à se surprendre que les catholiques aient regardé avec suspicion les «autres»: chrétiens non catholiques, juifs ou membres d'une autre religion.

Certains théologiens ont suggéré une attitude plus généreuse en faisant valoir que les personnes en dehors de l'Église peuvent avoir reçu «le baptême de désir» ou vivre une «foi implicite» qui leur donne accès à la grâce de Dieu. Le concile de Trente a entrouvert la porte au salut par le baptême de désir[69].

Le 8 août 1949, le Saint Office condamnait comme erronée la doctrine du prêtre américain Leonard Feeney qui disait que les chrétiens protestants sont voués à la damnation éternelle. D'après le décret du Saint Office, l'Église a enseigné et continue d'enseigner que «*extra ecclesiam nullam esse salutem*», mais l'interprétation de cette sentence doit être conforme à la mentalité de l'Église. L'Église reconnaît que les personnes qui ne sont pas ses membres *in re* (en réalité) peuvent lui appartenir *in voto* (par désir), même si ce désir

---

69. Denzinger, § 1524.

n'est pas pleinement conscient. De cette manière, les
«autres» peuvent être guidés par la grâce divine vers le corps
mystique du Christ[70]. Les protestants peuvent être sauvés
par leur désir inconscient d'être catholiques.

Le mouvement œcuménique

Dans les années qui ont précédé la Première Guerre
mondiale, un groupe de protestants et d'anglicans convaincus ont lancé un mouvement pour favoriser le dialogue
entre les Églises chrétiennes en vue de promouvoir l'unité
que le Christ veut pour l'Église. On ne s'étonnera pas qu'en
1919, invité à participer à ce mouvement encore tout jeune,
le pape Benoît XV ait opposé son *non possumus* : nous ne
pouvons pas. Le mouvement œcuménique s'est développé
et il a organisé des assemblées importantes à Stockholm
et à Lausanne. Le pape Pie XI a donc décidé d'écrire l'encyclique *Mortalium animos* (1928) qui condamnait le mouvement et interdisait aux catholiques le moindre contact avec
lui. Le Pape déplore que l'entreprise du mouvement
œcuménique

> [soit] poursuivie si activement qu'elle obtient en beaucoup
> d'endroits l'accueil de personnes de tout ordre et qu'elle
> séduit même de nombreux catholiques par l'espoir de
> former une union conforme, apparemment, aux vœux de
> notre Mère la Sainte Église, laquelle, certes, n'a rien plus à
> cœur que de rappeler et de ramener à son giron ses enfants

---

70. Denzinger, § 3866-3873.

égarés. Mais en fait, sous les séductions et le charme de ces discours, se cache une erreur assurément fort grave, qui disloque de fond en comble les fondements de la foi catholique. (§ 4)

Pourtant, si on peut trouver des non-catholiques, d'ailleurs nombreux, qui prêchent à pleine voix une communion fraternelle dans le Christ Jésus, on n'en trouverait pas à qui vienne la pensée de se soumettre et d'obéir au Vicaire de Jésus-Christ quand il enseigne et quand il commande. (§ 7)

Dans ces conditions, il va de soi que le Siège Apostolique ne peut, d'aucune manière, participer à leurs congrès et que, d'aucune manière, les catholiques ne peuvent apporter leurs suffrages à de telles entreprises ou y collaborer; s'ils le faisaient, ils accorderaient une autorité à une fausse religion chrétienne, entièrement étrangère à l'unique Église du Christ. (§ 8)

Quand j'ai commencé à m'intéresser à l'œcuménisme dans les années 1950, j'ai rencontré des théologiens catholiques qui avaient une opinion positive du mouvement œcuménique et qui estimaient que l'attitude officielle de l'Église était une erreur. Le livre d'Yves Congar, *Chrétiens désunis. Principes d'un œcuménisme catholique* (1937), a suscité à l'époque un vif intérêt. Il offrait une présentation respectueuse des traditions chrétiennes non catholiques et un portrait sympathique du mouvement œcuménique. Certains de mes professeurs à l'université de Fribourg tenaient le livre de Congar pour excessivement audacieux, mais il n'a jamais été condamné formellement par le Saint-

Siège. Congar devait avoir de gros problèmes avec ses publications ultérieures, mais son œuvre allait plus tard être approuvée et il fut l'un des théologiens les plus influents au concile Vatican II.

En tant que *peritus* au Secrétariat pour l'unité des chrétiens, qui eut pour mandat pendant le Concile de préparer des avant-projets pour trois documents conciliaires (sur l'œcuménisme, sur la liberté religieuse et sur l'attitude de l'Église à l'égard du judaïsme et des autres grandes religions), j'ai pu observer de l'intérieur l'évolution de l'approche de l'Église. Lorsque notre groupe de théologiens nommés par le Pape tint sa première réunion en novembre 1960, le cardinal Bea nous a encouragés à écrire, à publier et à nous servir des médias dans nos pays respectifs pour promouvoir le respect des Églises non catholiques orientales et occidentales et pour diffuser une attitude accueillante à l'endroit du mouvement œcuménique. En présentant cette nouvelle théologie au grand public, disait le Cardinal, on arriverait à influencer les évêques de l'Église, qui allaient éventuellement devoir approuver les documents conciliaires. Il nous a dit que lui-même allait voyager et donner des conférences qui seraient ensuite publiées dans *La documentation catholique* : nous pourrions donc le citer pour nous défendre de la critique ecclésiastique.

Quel est le contexte historique qui a entraîné une relecture de la tradition catholique et contribué à provoquer un changement radical dans l'attitude de l'Église à l'égard des « frères séparés » ? À mon avis, c'est l'émergence d'un nouvel horizon éthique, associé à la démocratie et au pluralisme, et fondé sur l'acceptation de la liberté, de l'égalité et de la participation. Nous avons vu dans les chapitres précédents que ce nouvel horizon éthique, suscité et plus tard trahi par la modernité, a obligé l'Église à relire l'Écriture et la Tradition afin de renouveler sa façon d'articuler les impératifs éthiques de l'Évangile. C'est le travail qu'a accompli *Gaudium et spes*. Au chapitre 4, nous avons écouté l'enseignement remarquable de Jean-Paul II sur le dialogue et le respect de la différence.

L'appui au mouvement œcuménique est né également de la résistance commune opposée au régime nazi, en Allemagne et en France occupée, par un petit nombre de protestants et de catholiques courageux. Leur amitié a exercé une certaine influence après la guerre. Le fait de prier ensemble en prison a suscité entre eux une solidarité durable.

Je n'ai pas l'intention de résumer tout le contenu du *Décret sur l'œcuménisme* (*Unitatis redintegratio*) qu'a promulgué le concile Vatican II. Ce qui m'intéresse ici, c'est l'émergence d'un nouvel enseignement, bien différent des formulations utilisées antérieurement par le magistère.

Un élément tout à fait nouveau du décret, c'était l'évaluation étonnamment positive qu'on y fait du mouvement œcuménique, ce qui revenait à corriger le verdict de Pie XI. Nous y lisons : « Sous l'action de l'Esprit Saint, est né un mouvement, qui s'amplifie également de jour en jour chez nos frères séparés, en vue de rétablir l'unité de tous les chrétiens.» (§ 1) Dans le mouvement œcuménique, c'est l'Esprit Saint qui est à l'œuvre pour vaincre l'hostilité entre les Églises et guérir leurs divisions en vue d'une recherche commune de l'unité chrétienne.

Autre nouveauté : le décret reconnaissait que les chrétiens en dehors de l'Église catholique sont de vrais chrétiens, greffés au corps terrestre du Christ par la foi et par le baptême, et goûtant avec les catholiques une communion spirituelle porteuse de vie quoique incomplète. (§ 2) Rappelons-nous que *Mystici corporis*, l'encyclique de Pie XII (1943), insistait encore sur l'identification absolue de l'Église catholique au corps mystique du Christ et en concluait que « ceux qui sont divisés pour des raisons de foi ou de gouvernement ne peuvent vivre dans ce même Corps ni par conséquent de ce même Esprit divin[71] ».

Encore une nouveauté : le Concile reconnaît les Églises non catholiques comme des communautés qui procurent le salut à leurs membres par la parole et les sacrements, et comme des Églises au sens théologique du terme.

> Beaucoup de gestes sacrés de la religion chrétienne s'accomplissent chez nos frères séparés, et, de manières différentes, selon la situation diverse de chaque Église ou Communauté, ils peuvent certainement produire effectivement la vie de la grâce, et l'on doit reconnaître qu'ils ouvrent l'entrée de la communion du salut. En conséquence, ces Églises et Communautés séparées […] ne sont

---

71. Pie XII, *Mystici corporis*, § 22.

nullement dépourvues de signification et de valeur dans le mystère du salut. (§ 3)

Par ailleurs, l'Église continue d'affirmer qu'elle est la véritable Église du Christ, héritière de la *plénitude* de la révélation divine. Déclaration parallèle à la conviction qu'ont les Églises protestantes d'avoir préservé la *pureté* de la révélation de Dieu, dégagée des accrétions qu'on observe dans le catholicisme. Le mouvement œcuménique reconnaît des différences importantes entre les Églises en dépit de la communion spirituelle de tous les chrétiens en Jésus Christ. La *Déclaration de Toronto* du Conseil œcuménique des Églises (COE), faite en 1958, disait claire-ment que le fait de participer au mouvement œcuménique ou même d'être membre du COE n'oblige pas une Église à relativiser son identité ecclésiale[72]. Cette déclaration a permis aux Églises orthodoxes d'entrer au COE sans aucun remords. Le mouvement œcuménique veut que les Églises restent fidèles à leur propre tradition. Par ailleurs, l'ouver-ture aux autres, le dialogue attentif et la coopération susci-tent dans les Églises un élan de créativité qui leur permet de relire leur propre tradition et de la réinterpréter, ce qui contribue à réduire la distance qui les sépare les unes des autres. Pour citer le décret sur l'œcuménisme : «toute réno-vation de l'Église consiste essentiellement dans une fidélité grandissante à sa vocation, c'est là certainement la raison qui explique le mouvement vers l'unité.» (§ 6)

---

72. Morris WEST, «The Toronto Statement», *Dictionary of the Ecumenical Movement*, Genève, WCC Publishing, 2002, p. 1137-1138.

L'idée rejoint un principe qui joue également dans le dialogue entre religions différentes : le fait d'être à l'écoute de l'autre et d'apprendre de lui engendre une plus grande fidélité aux valeurs authentiques de sa propre tradition.

Autre nouveauté du décret sur l'œcuménisme : l'idée que l'Église catholique recommande le dialogue œcuménique « d'égal à égal » (§ 9), non en tant que seule détentrice de la vérité aspirant à convertir les autres chrétiens, mais en tant que disciple de Jésus qui tend la main à d'autres disciples pour rechercher l'unité qui correspond à sa volonté.

Encore aujourd'hui, le décret sur l'œcuménisme reste un document remarquable. En affirmant que l'Église catholique pourrait et devrait promouvoir l'unité chrétienne, le décret juge la trop grande prudence qui prévaut actuellement chez les évêques. En voici un exemple. D'après le décret, la *communicatio in sacris* (la pratique commune des sacrements) répond à deux principes opposés : (1) elle symbolise l'unité parfaite et (2) elle offre une grâce qui conduit à une plus grande unité. Le premier principe tend à déconseiller la pratique sacramentelle commune, puisque l'unité parfaite n'est pas encore réalisée, mais le second principe encourage le culte commun étant donné que celui-ci nourrit l'amitié œcuménique. (§ 8) Le décret résout ce dilemme en disant que la pratique dominicale habituelle (« la plupart du temps ») exclut la *communicatio in sacris* – en d'autres mots, les chrétiens devraient célébrer le dimanche dans leurs églises respectives – mais qu'en certaines occasions spéciales, pour promouvoir le mouvement œcuménique, la *communicatio in sacris* serait tout indiquée. Un courant conservateur dans l'Église d'aujourd'hui est arrivé à persuader les évêques locaux de ne pas accorder la permission de partager l'Eucharistie.

Avant de passer à un autre document conciliaire, je tiens à citer un passage du décret sur l'œcuménisme que j'aime beaucoup.

> L'Église, au cours de son pèlerinage, est appelée par le Christ à cette réforme permanente dont elle a perpétuellement besoin, en tant qu'institution humaine et terrestre. S'il arrive donc, par suite des circonstances, que dans les mœurs, la discipline ecclésiastique, ou même dans la manière d'énoncer la doctrine (qu'il faut distinguer avec soin du dépôt de la foi) telles réformes n'aient pas été observées attentivement, il faut les remettre en vigueur en temps opportun avec la droiture qui convient. (§ 6)

Le peuple juif

En définissant les rapports entre l'Église et la communauté juive, le concile du Vatican a opéré un changement radical. Ce n'est pas ici le lieu de raconter l'histoire remarquable qui explique comment les chrétiens en sont venus à repenser leur attitude religieuse à l'égard des Juifs au lendemain de l'Holocauste[73]. Tout a commencé à Seelisberg, en

---

73. L'Holocauste a soulevé des questions religieuses troublantes, auxquelles j'ai fait allusion dans le chapitre 2. Était-il encore possible de croire en Dieu ? Si Dieu existait et s'il était tout-puissant, pourquoi n'est-il pas intervenu pour stopper le génocide de son peuple ? Le rabbin Irving Greenberg a parlé à juste titre de « la fin du théisme tranquille » : plus nous sommes convaincus que Dieu est amour, plus il devient difficile de croire en Dieu. Voir le long article de GREENBERG dans l'ouvrage collectif publié sous la direction d'Eva FLEISCHNER, *Auschwitz : Beginning of a New Era ?* New York, KTAV Publishing House, 1968, p. 1-136.

Suisse, en 1946, lors d'une rencontre de catholiques et de protestants pour étudier dans quelle mesure la rhétorique antijuive de la doctrine chrétienne avait contribué à l'antisémitisme racial moderne et pour proposer une série de principes visant à corriger la condamnation des Juifs dans la prédication de l'Église. L'historien français Jules Isaac, lui-même Juif, assistait à la rencontre ; il fut l'un des premiers auteurs, pendant la Deuxième Guerre mondiale, à mettre en lumière le mépris pour les Juifs dans certains passages du Nouveau Testament et chez leurs interprètes ecclésiastiques. Le mouvement de révision critique de la prédication chrétienne se répandit largement dans les Églises catholique et protestantes, pressant les autorités ecclésiastiques de repenser et de reformuler d'une manière positive leurs liens avec la communauté juive. Pour reprendre l'expression de Jean XXIII, l'Holocauste fut un «signe des temps» terrible, qui obligea les chrétiens à relire l'Écriture et la Tradition pour redéfinir la signification de l'Évangile en fonction d'une interpellation profondément troublante. C'est le pape Jean qui a demandé au Secrétariat pour l'unité des chrétiens de préparer l'ébauche d'une déclaration conciliaire sur la nouvelle attitude de l'Église à l'égard des Juifs. Nous devions apprendre, beaucoup plus tard, que Jules Isaac, déjà très âgé à l'époque, avait été reçu par Jean XXIII et que pendant cette entrevue le Pape lui avait promis que le concile du Vatican rectifierait la doctrine chrétienne au sujet des Juifs.

Encore une fois, ce chapitre ne veut pas retracer toutes les péripéties qui ont donné naissance à l'Énoncé sur les relations entre les chrétiens et les Juifs (qui devait devenir le quatrième chapitre de *Nostra œtate*, la *Déclaration sur l'Église et les religions non chrétiennes*) ni résumer son contenu[74]. Ce qui m'intéresse avant tout, c'est de faire ressortir le pouvoir qu'a l'Église, en fidélité à l'Évangile, de modifier son enseignement traditionnel.

L'Énoncé comprend une nouveauté : la répudiation de la fiction malveillante qui autorisait à jeter le blâme sur l'ensemble du peuple juif parce que les grands prêtres, des dirigeants influents et une foule survoltée à Jérusalem avaient collaboré à l'arrestation et à la condamnation de Jésus. L'Énoncé répudiait également une idée sinistre souvent exprimée dans la prédication chrétienne et voulant que les Juifs aient été rejetés ou même maudits par Dieu pour avoir refusé, dans leur grande majorité, de reconnaître en Jésus le Messie. Au concile du Vatican, cette légende hantait encore l'esprit de plusieurs évêques qui s'opposaient à la nouvelle doctrine. Mais en s'appuyant sur la lettre de Paul aux Romains (9-11), l'Énoncé affirmait que les Juifs restent le peuple élu de Dieu.

Scrutant le mystère de l'Église, le Concile rappelle le lien qui relie spirituellement le peuple du Nouveau

---

74. John Œsterreicher, « On the Declaration on the Relationships of the Church to Non-Christian Religions », dans H. Vorgrimmler (sous la dir. de), *Commentaries on the Documents of Vatican II*, vol. 3, Fribourg/Montréal, Herder/Palm Publishers, 1968, p. 1-136.

Testament avec la lignée Abraham. [...] C'est pourquoi l'Église ne peut oublier qu'elle a reçu la révélation de l'Ancien Testament par ce peuple avec lequel Dieu, dans sa miséricorde indicible, a daigné conclure l'antique Alliance, et qu'elle se nourrit de la racine de l'olivier franc sur lequel ont été greffés les rameaux de l'olivier sauvage que sont les Gentils. (cf. Rm 11, 17-24) [...] L'Église a toujours devant les yeux les paroles de l'apôtre Paul sur ceux de sa race «à qui appartiennent l'adoption filiale, la gloire, les alliances, la législation, le culte, les promesses et les patriarches, et de qui est né, selon la chair, le Christ» (Rm 9, 4-5), le fils de la Vierge Marie. L'Église rappelle aussi que les apôtres [...] sont nés du peuple juif, ainsi qu'un grand nombre des premiers disciples qui annoncèrent au monde l'Évangile du Christ. Au témoignage de l'Écriture sainte, Jérusalem n'a pas reconnu le temps où elle fut visitée (Lc 19, 44); les Juifs, en grande partie, n'acceptèrent pas l'Évangile, et même nombreux furent ceux qui s'opposèrent à sa diffusion (Rm 11, 28). Néanmoins, selon l'Apôtre, les Juifs restent encore, à cause de leurs pères, très chers à Dieu, dont les dons et l'appel sont sans repentance (Rm 11, 28-29)[75].

Alors que le concile de Trente avait affirmé que la Loi mosaïque ne permettait pas aux Juifs d'accéder au salut[76], le concile Vatican II reconnaissait le caractère permanent de l'alliance de Dieu avec la maison d'Israël. Le document conciliaire sur l'Église, *Lumen gentium*, parle des Juifs comme du *populus Deo secundum electionem carissimus*

---

75. *Nostra ætate*, § 4.
76. DENZINGER, § 1521.

propter patres (peuple élu de Dieu et qui lui est très cher en raison de ses ancêtres) en se fondant sur la même citation de l'épître aux Romains : «les dons et la vocation de Dieu sont sans repentance».

Cette interprétation de l'enseignement de Paul en Romains 9-11 est neuve : elle naît d'une lecture de l'Écriture postérieure à l'Holocauste. Je me rappelle avoir été profondément troublé, à la fin des années 1950, par la lecture du livre de Jules Isaac, *Jésus et Israël*, publié en 1948, qui essayait de démontrer que le mépris pour les Juifs était déjà présent dans certains textes du Nouveau Testament. Jules Isaac m'a fait découvrir la rhétorique antijuive présente dans la tradition chrétienne, mais sans arriver alors à me convaincre que l'hostilité à l'égard des Juifs est déjà exprimée dans le Nouveau Testament[77]. Même si je n'étais pas un spécialiste de la Bible, j'ai décidé d'écrire un livre sur les images des Juifs dans le Nouveau Testament en me servant des commentaires bibliques que je pouvais trouver à l'époque. Mon livre, *The Jews and the Gospel*, parut en 1959. Lorsque, après le Concile, les éditions Paulist Press ont réédité l'ouvrage sous le titre *Is the New Testament Antisemitic?* j'ai pu retoucher mon texte pour l'harmoniser avec l'enseignement conciliaire. Les corrections que j'ai

---

77. Quand Rosemary Radford Ruether m'a demandé, dans les années 1970, de rédiger une introduction à son livre *Faith and Fratricide*, son argumentation m'a convaincu qu'il y a déjà dans le Nouveau Testament des textes antijuifs. Dans mon texte, j'ai reconnu que Jules Isaac avait eu raison et que je m'étais trompé.

apportées étaient toutes reliées à l'interprétation conciliaire de Romains 9-11, reconnaissant la valeur permanente
de l'alliance conclue entre Dieu et le peuple juif. Aucun
des commentaires exégétiques que j'avais consultés avant
le Concile ne proposait cette interprétation. Quand Paul
disait que les Juifs restent le peuple élu de Dieu, on y voyait
la promesse qu'après avoir rejeté leur messie, les Juifs ne
s'assimileraient pas au monde, mais seraient mis à part par
Dieu et réconciliés avec leur messie à la fin des temps.
Aucun des exégètes que j'avais lus à l'époque ne suggérait
que leur élection permanente pouvait être pour eux
aujourd'hui source de grâce divine. Tel était pourtant l'enseignement nouveau du concile du Vatican.

Cette doctrine audacieuse a été confirmée à plusieurs
reprises par le pape Jean-Paul II. Pour lui, les Juifs sont « le
peuple de Dieu de l'ancienne alliance, que Dieu n'a jamais
révoquée[78] » ; « le peuple qui vit aujourd'hui l'alliance avec
Moïse[79] » ; « partenaires d'une alliance d'amour éternel, qui
n'a jamais été révoquée[80] ».Cette insistance a amené les
catholiques à renouveler leur appréciation du judaïsme
postbiblique et à admirer sa fécondité spirituelle. On voit
transparaître dans la déclaration conciliaire une attitude

---

78. JEAN-PAUL II, *Discours prononcé devant les représentants de la communauté
juive de Mayence*, en République fédérale d'Allemagne, le 17 novembre 1980.

79. *Ibid.*

80. JEAN-PAUL II, *Discours aux leaders de la communauté juive de Miami*, aux
États-Unis, le 11 septembre 1987.

tout à fait nouvelle à l'égard des Juifs : l'Église n'a pas l'intention de les convertir à la foi chrétienne, elle souhaite que les Juifs restent fidèles à leur propre tradition spirituelle, et elle comprend que sa propre mission divine l'appelle à travailler à l'avènement du règne de Dieu en recherchant la justice et la paix en collaboration avec les Juifs et les membres d'autres communautés.

Ce développement doctrinal remarquable a été étudié dans un document intitulé *Reflections on Covenant and Mission*[81], publié par une commission catholique nommée par les évêques catholiques des États-Unis. Citant Jean-Paul II, le texte conclut que le témoignage des Juifs est important pour l'Église afin que les deux communautés puissent « être une grâce l'une pour l'autre[82] ».

Le fait que la grâce de Dieu soit à l'œuvre dans la Synagogue soulève des questions théologiques qui n'ont toujours pas de réponse complète. Au concile de Trente, l'Église enseignait encore que la fidélité à Loi de Moïse ne pouvait pas procurer le salut aux Juifs[83]. Puisque l'Église proclame que Jésus est le seul médiateur entre Dieu et les êtres humains, les théologiens sont aux prises avec la question de savoir comment interpréter cet enseignement de

---

81. « Reflections on Covenant and Mission », *The Ecumenist* 40 (printemps 2003), p. 3-6. La commission catholique a travaillé en dialogue avec une commission juive, qui a publié ses propres réflexions sur l'alliance et la mission. Voir *The Ecumenist* 41 (automne 2003), p. 6-10.

82. Jean-Paul II, *Discours à l'occasion du cinquantième anniversaire du soulèvement du ghetto de Varsovie*, le 6 avril 1993.

83. Denzinger, § 1521.

manière à laisser un espace théologique à la Synagogue. C'est une question sur laquelle nous reviendrons.

Les grandes religions

Au concile Vatican II, l'Église était disposée à repenser ses rapports avec les religions non chrétiennes. Avant le Concile, les autorités ecclésiastiques voyaient d'un mauvais œil que des théologiens catholiques proposent une interprétation bienveillante des autres religions et laissent entendre qu'elles aient des choses à nous apprendre. Je me souviens que dans les années 1940 et 1950 l'ouverture théologique d'un Otto Karrer à l'endroit des religions d'Asie ait contribué à lui valoir une réputation de penseur marginal et peu sûr[84]. Après le Concile, il a été amplement réhabilité.

Le Concile se devait de réfléchir aux rapports entre l'Église et les grandes religions parce que plusieurs évêques d'Asie et d'Afrique étaient insatisfaits de la *Déclaration sur les relations entre l'Église et le judaïsme* et exigeaient que l'Église clarifie ses rapports avec les religions les plus florissantes sur leur continent. Pour produire, à partir de l'Énoncé sur les chrétiens et les Juifs, un document qui traite des grandes religions, le Secrétariat pour l'unité des chrétiens a désigné un groupe de spécialistes à qui il a confié le soin d'élaborer une déclaration sur les rapports de l'Église avec les religions non chrétiennes, texte qui allait être intégré à *Nostra ætate* dont l'énoncé sur les chrétiens et les Juifs formerait le chapitre 4.

---

84. Lieselotte Höfer, *Otto Karrer 1888-1976*, Fribourg, Herder, 1985, p. 127-135.

La première phrase de cette déclaration renvoie aux « signes des temps », qui exigent une relecture de l'enseignement traditionnel :

> À notre époque où le genre humain devient de jour en jour plus étroitement uni et où les relations entre les divers peuples augmentent, l'Église examine plus attentivement quelles sont ses relations avec les religions non chrétiennes. (§ 1)

Le Concile interprète les grandes religions à la lumière de la doctrine conciliaire étudiée au chapitre 2, d'après laquelle la présence rédemptrice de Dieu opère dans l'ensemble de l'histoire humaine. Dans *Nostra ætate*, nous lisons que les êtres humains ont tous la même origine et la même destinée en Dieu. Puisqu'ils ont été créés à l'image de Dieu et appelés par l'Esprit divin, ils sont ouverts au mystère transcendant qui enveloppe leur existence. Les gens se tournent vers la religion sous la double impulsion de la nature et de la grâce. Même si leurs idées et leurs pratiques ne sont pas conformes à la révélation de Dieu en Jésus Christ, ils méritent notre respect. À cette heure de l'histoire, l'Église souligne la vérité et les valeurs qu'elle partage avec les autres religions plutôt que les différences qui l'en séparent. (§ 1)

Voici comment le concile du Vatican exprime son ouverture.

> L'Église catholique ne rejette rien de ce qui est vrai et saint dans ces religions. Elle considère avec un respect sincère ces manières d'agir et de vivre, ces règles et ces doctrines

qui, quoiqu'elles diffèrent en beaucoup de points de ce qu'elle-même tient et propose, cependant apportent souvent un rayon de la Vérité qui illumine tous les hommes. Toutefois, elle annonce, et elle est tenue d'annoncer sans cesse, le Christ qui est «la voie, la vérité et la vie» (Jn 14, 6), dans lequel les hommes doivent trouver la plénitude de la vie religieuse et dans lequel Dieu s'est réconcilié toutes choses. [...] L'Église exhorte donc ses fils pour que, avec prudence et charité, par le dialogue et par la collaboration avec ceux qui suivent d'autres religions, et tout en témoignant de la foi et de la vie chrétiennes, ils reconnaissent, préservent et fassent progresser les valeurs spirituelles, morales et socio-culturelles qui se trouvent en eux. (§ 2)

Nous sommes bien loin de la liturgie préconciliaire du Vendredi saint: «Prions pour les païens. Que Dieu tout-puissant extirpe le mal de leurs cœurs. Puissent-ils renoncer à leurs idoles et se convertir au Dieu vivant et vrai et à son Fils unique, Jésus Christ.»

La citation de *Nostra ætate* citée plus haut en fait foi, le thème théologique qui sous-tend l'ensemble du document est la christologie du Logos, qui remonte aux premiers Pères de l'Église et que nous avons déjà vue au chapitre 2. En s'appuyant sur les textes sapientiels de l'Ancien Testament et du prologue du quatrième évangile, l'Église affirme maintenant que la Parole divine, incarnée en Jésus Christ, est une grâce qui se fait entendre dans toutes les traditions de sagesse et dans le cœur des personnes de partout. J'ai déjà signalé que cette ancienne théologie avait été ranimée au xxᵉ siècle par des théologiens comme Henri de Lubac et Karl Rahner et que, par leur entremise, elle avait inspiré la composition de l'enseignement conciliaire de l'Église.

Dans les paragraphes qui suivent, *Nostra œtate* propose un survol bref mais respectueux des religions non chrétiennes. Ces textes méritent d'être lus. Ils représentent un élément nouveau et reflètent une volonté sans précédent de comprendre les autres religions avec sympathie.

Le dialogue et la mission de l'Église

Après le Concile, le Vatican a continué de promouvoir le dialogue interreligieux. Deux documents ecclésiastiques présentent à cet égard un intérêt particulier : *Dialogue et mission*, publié en 1984 par le Secrétariat pour les non-chrétiens que Paul VI avait créé en 1964, et *Dialogue et proclamation*, publié conjointement en 1991 par le Conseil pontifical pour le dialogue interreligieux, créé par Jean-Paul II, et par la Congrégation pour l'Évangélisation des peuples. L'un des principaux sujets dont traitent ces documents est la relation entre le dialogue interreligieux et la mission qu'a l'Église de proclamer Jésus Christ.

Dialogue et mission présente l'Église comme le signe vivant de l'amour de Dieu révélé dans le Christ : elle a pour mission d'aimer l'humanité comme le Christ nous a aimés, en vue de la pleine manifestation du règne de Dieu qui a commencé en Lui. (§ 9) L'Église est appelée à dialoguer du fait même de sa foi : Dieu est amour et, dans le mystère de la Trinité, la foi chrétienne entrevoit en Dieu une vie de communion et d'échanges. (§ 22) C'est là un thème qui était cher à Paul VI et qu'il a approfondi dans son encyclique *Ecclesiam suam* (1964) où le dialogue est proposé à l'Église du Christ comme norme et comme idéal à tous les niveaux. Reconnaissant que l'Esprit est aussi à l'œuvre en dehors des frontières visibles du Corps mystique, *Dialogue et mission* affirme que l'Église se doit de discerner les signes de la présence de l'Esprit et le servir en tant que collaboratrice humble et discrète en s'attachant à pratiquer le dialogue sous ses diverses formes. (§ 24)

Dans sa dernière partie, le document nous rappelle que chacun est constamment appelé à la conversion, entendue comme le retour d'un cœur humble et contrit à Dieu, avec le désir de lui soumettre plus pleinement sa propre vie. (§ 37) Le dialogue, forme d'écoute de l'Esprit, devient source d'espérance et facteur de communion et de transformation mutuelle. (§ 42-43)

La mission de l'Église à l'égard des adeptes des religions non chrétiennes consiste-t-elle à proclamer Jésus afin de les convertir à la foi chrétienne, ou doit-elle plutôt entrer en dialogue avec eux en vue d'un enrichissement mutuel et d'un engagement commun pour la justice et la paix? Le concile Vatican II n'a pas résolu la question. Dans le document sur l'activité missionnaire de l'Église (*Ad gentes*), la mission est définie avant tout comme proclamation, mais d'autres textes conciliaires ont un accent assez différent. *Gaudium et spes* présente la mission de l'Église comme la promotion de l'amour, de la justice et de la paix au service de l'avènement du règne de Dieu ; *Nostra ætate* décrit la mission de l'Église à l'endroit des religions non chrétiennes en termes de dialogue et de coopération, sources de renouveau pour toutes les parties. Si la mission au service de l'amour, de la justice et de la paix et la mission sous le signe du dialogue et de la coopération sont très proches, on ne voit pas clairement quelle place doit revenir à la mission comme proclamation. Le dialogue, la coopération et l'engagement commun pour la justice et la paix ne sont possibles que si les non-chrétiens ont l'assurance que l'Église n'utilisera pas ces causes pour travailler subtilement à les convertir à la foi chrétienne. *Dialogue et mission* n'essaie pas de résoudre ce problème. Il met avant tout l'accent sur la mission de l'Église qui est d'aimer l'humanité comme Jésus l'a aimée et de discerner pour la servir l'action de l'Esprit Saint dans un monde pluraliste sur le plan religieux.

Le document intitulé *Dialogue et proclamation* (1991) allait tenter de résoudre cette question. Il explique que la mission évangélisatrice de l'Église comporte deux dimensions – le dialogue interreligieux et la proclamation de l'œuvre rédemptrice du Christ – qui se soutiennent mutuellement sans être en conflit. La mission de l'Église, nous dit-on, ne peut se réduire à l'une ou à l'autre de ces dimensions : elles visent toutes deux à communiquer la vérité du salut, sont toutes deux nécessaires et ne sont pas interchangeables. Tous les chrétiens sont appelés à s'engager personnellement dans l'un et l'autre aspect de la mission de l'Église. (§ 82)

Pour comprendre le sens de cette proposition, il nous faut examiner comment *Dialogue et proclamation* décrit l'une et l'autre de ces activités. La section sur le dialogue interreligieux traite longuement du fondement théologique de l'ouverture de l'Église aux autres religions, que *Nostra ætate* n'avait abordé que brièvement. D'après l'ancienne doctrine, fondée sur l'Écriture et développée par certains Pères de l'Église d'Orient, la Parole éternelle de Dieu incarnée en Jésus éclaire tout être humain né en ce monde, et l'Esprit éternel de Dieu présent dans l'Église est à l'œuvre dans le monde et dans le cosmos pour préparer l'ultime réconciliation en Jésus Christ. L'Église est la seule à proclamer et à être saisie par le mystère de la rédemption qui opère, d'une manière cachée, dans l'univers entier et, en particulier, dans les traditions religieuses et sapientielles de l'humanité. (§ 190-28)

La section sur le dialogue le présente comme une conversation fondée sur la confiance et la réciprocité. Le dialogue est beaucoup plus qu'un échange de renseignements ; le dialogue purifie toutes les parties de leurs préjugés, leur permet de s'éclairer mutuellement et de partager leurs intuitions spirituelles. Dans ce dialogue, les chrétiens professent leur foi en Jésus Christ, et leurs partenaires donnent le témoignage de leurs propres convictions religieuses. Le dialogue ne masque pas la portée universelle de l'Évangile chrétien, mais il exclut toute initiative en vue de faire des prosélytes – tout effort pour persuader un partenaire dans le dialogue de changer d'affiliation religieuse. (§ 48) Le dialogue transforme la conscience religieuse à l'intérieur de chacune des traditions. Dans le dialogue, nous sommes invités à approfondir notre engagement de foi et à répondre avec une sincérité toujours plus grande à l'appel de Dieu et au don qu'il nous fait de lui-même dans la grâce. Telle est la conversion à laquelle est convié chacun des partenaires du dialogue.

Puisque la Parole de Dieu est un constant dialogue avec les différentes traditions religieuses, la participation de l'Église au dialogue avec diverses traditions est un impératif divin.

Pour encourager le dialogue interreligieux à tous les niveaux, *Dialogue et proclamation* rappelle une distinction utile entre quatre sortes différentes de dialogue, sans prétendre établir entre elles un ordre de priorité :

a) le *dialogue de vie*, quand les personnes s'efforcent de vivre en esprit d'ouverture et de proximité, partageant leurs joies et leurs peines, leurs problèmes et leurs préoccupations ;

b) le *dialogue d'action*, par lequel les chrétiens et les autres collaborent au développement intégral et à la libération des gens ;

c) le *dialogue d'échange théologique*, où des spécialistes cherchent à approfondir leur compréhension de leurs traditions religieuses respectives et à apprécier la valeur des unes et des autres ;

d) le *dialogue d'expériences religieuses*, où des personnes, enracinées dans leur propre tradition religieuse, partagent la richesse de leur spiritualité, par exemple sur la prière et la contemplation, sur la foi et la quête de Dieu ou de l'Absolu.

Quelle argumentation *Dialogue et proclamation* propose-t-il pour convaincre le lecteur que les deux projets ne sont pas en conflit? Le dialogue et la proclamation, fait-on valoir, sont inhérents l'un à l'autre. D'un côté, le dialogue comprend le témoignage de la foi en Jésus Christ; de l'autre, la proclamation de l'Évangile dans les pays lointains comprend l'effort pour exprimer la foi dans les termes de la culture régionale, effort qui exige le dialogue avec la culture et sa religion. D'après ce document ecclésiastique, le dialogue et la proclamation sont deux dimensions essentielles à la mission de l'Église; ils ne sont ni en conflit ni en concurrence l'un avec l'autre.

Le lecteur n'est peut-être pas convaincu par cette déclaration. Comment une communauté chrétienne va-t-elle décider si elle doit engager le dialogue avec la culture religieuse qui l'entoure, ou plutôt prêcher l'Évangile de manière que les gens de la région arrivent à trouver dans le Christ la pleine réponse à leurs aspirations spirituelles? *Dialogue et proclamation* fait allusion à une solution pratique: il peut y avoir des contextes historiques qui obligent l'Église à limiter sa mission au seul dialogue.

Quelles sont ces situations historiques? Sous la rubrique des obstacles internes et externes à la proclamation, le document énumère «le manque d'appréciation et de respect pour les autres croyants et leurs traditions religieuses»; «une attitude de supériorité qui laisse entendre qu'une culture particulière serait liée au message chrétien et devrait donc être imposée aux convertis»; «le poids de l'histoire [causé par] les méthodes d'évangélisation appliquées dans le passé et qui ont suscité la peur et la suspicion» et «la crainte [des gens] que la mission de l'Église n'entraîne la destruction de leur religion et de leur culture». (§ 73, 74) Le lecteur canadien pensera tout de suite aux rapports difficiles de l'Église avec les peuples autochtones, provenant de ce que l'Église s'est identifiée dans le passé aux politiques oppressives des puissances coloniales. Même si *Dialogue et proclamation* ne le dit pas explicitement, il suggère tout de même qu'il y a des contextes historiques dans lesquels la mission de l'Église ne comprend pas la proclamation, mais se limite exclusivement au dialogue, à la coopération et au témoignage. C'est un thème sur lequel je reviendrai un peu plus loin.

Dialogue et proclamation accorde une importance spéciale à l'engagement interreligieux en faveur de la justice et de la paix:

> Il faut souligner l'importance du dialogue pour le développement intégral, la justice sociale et la libération humaine. Les Églises locales sont appelées, en tant que témoins du Christ, à s'y engager sans égoïsme ni partialité. Il importe de se porter à la défense des droits de la personne, de proclamer les exigences de la justice et de dénoncer l'injustice non seulement lorsque ses propres membres en sont victimes mais indépendamment de l'appartenance religieuse des victimes. (§ 44)

Même si *Dialogue et proclamation* est un document remarquable qui mérite d'être étudié, il n'a pas résolu le débat entre les leaders religieux, dont certains privilégient le dialogue alors que d'autres insistent plutôt sur la proclamation. Ce débat se poursuit jusqu'à l'intérieur de la Curie romaine. Le 6 août 2000, le cardinal Ratzinger, préfet de la Congrégation pour la Doctrine de la Foi qui a succédé au Saint Office, publiait la déclaration *Dominus Jesus*, qui soulignait la plénitude de la révélation divine en Jésus Christ transmise par l'Église catholique et insistait pour dire que l'Église catholique ne reconnaît le pluralisme religieux que *de facto*, mais jamais *de jure*. Sur le plan objectif, (1) les Églises chrétiennes sont destinées à être réunies à la seule vraie Église, qui est l'Église catholique romaine, et (2) les religions non chrétiennes sont destinées à disparaître moyennant la conversion de leurs membres à la foi catholique. Il n'en demeure pas moins que, dans le contexte actuel, l'Église est disposée à participer au dialogue œcuménique et interreligieux parce que l'Esprit de Dieu, agissant à l'extérieur de l'Église, opère dans ces diverses communautés. Mais les catholiques qui participent à ces divers dialogues doivent dire à leurs partenaires que, s'ils veulent vivre en pleine communion avec Dieu, ils doivent se faire catholiques.

> Le dialogue donc, tout en faisant partie de la mission évangélisatrice, n'est qu'une des actions de l'Église dans sa mission *ad gentes*. [...] L'Église en effet, guidée par la charité et le respect de la liberté, doit en premier lieu annoncer à

tous la vérité définitivement révélée par le Seigneur, et proclamer la nécessité, pour participer pleinement à la communion avec Dieu Père, Fils et Saint-Esprit, de la conversion à Jésus-Christ et de l'adhésion à l'Église par le baptême et les autres sacrements. D'autre part la certitude de la volonté salvifique universelle de Dieu n'atténue pas, mais augmente le devoir et l'urgence d'annoncer le salut et la conversion au Seigneur Jésus-Christ. (§ 22)

Inutile de dire que *Dominus Jesus* a été sévèrement critiqué par les théologiens catholiques engagés dans le dialogue œcuménique et interreligieux. En Allemagne, la déclaration a souvent été appelée « Dominus Joseph », Joseph étant le prénom du cardinal Ratzinger. La déclaration faisait sentir aux protestants que leurs Églises n'étaient que des entités sociologiques, et non des instances médiatrices de salut, et elle fit craindre aux Juifs que l'Église catholique ne les rejette dans les ténèbres de la non-rédemption.

Remarquons que le dialogue qui reçoit la bénédiction du cardinal Ratzinger est bien différent du dialogue qui franchit les frontières, favorisé par Jean-Paul II – comme nous l'avons vu au chapitre 4. Dans l'horizon éthique d'aujourd'hui, il serait immoral de participer à un dialogue œcuménique ou interreligieux, fondé sur la confiance mutuelle et visant à la compréhension réciproque, dans le but de persuader ses interlocuteurs de changer de religion. La chose me paraît fondamentale. La proposition de Ratzinger reflète un horizon éthique que l'Église a aujourd'hui dépassé. Je respecte les croyants qui, au nom de leur foi, refusent de participer au dialogue parce qu'ils se sentent appelés à proclamer la vérité. Mais entrer en dialogue avec l'intention de faire du prosélytisme, ce serait manipuler le dialogue et en détruire le sens profond. Il est vrai, bien entendu, que les catholiques qui participent au dialogue témoignent de leur foi de la même façon que les autres participants confessent leurs propres convictions religieuses, mais tout cela se fait pour nourrir la confiance mutuelle et dans le but de découvrir des affinités encore cachées, non pas pour persuader les autres de changer d'allégeance. Les fidèles des religions chrétiennes qui sont disposés à dialoguer avec des catholiques ont le droit de nous entendre dire, surtout à la suite de *Dominus Jesus*, que nous n'avons aucunement l'intention de les convertir. Les gens nous croiront-ils, ou verront-ils dans notre invitation à dialoguer une simple ruse pour les attraper ?

Même à l'intérieur du Vatican, la déclaration de Ratzinger a suscité un certain malaise. Le 26 septembre 2002, moins de deux mois après sa publication, le pape Jean-Paul II fit parvenir un message à un congrès interreligieux qui se tenait à Lisbonne pour exprimer son espoir que le dialogue interreligieux gagnerait en fréquence et en intensité au cours du nouveau millénaire. La proposition du cardinal Ratzinger a aussi été remise en question par le cardinal Arintze, président du Conseil pontifical pour le dialogue interreligieux, et par les cardinaux Cassidy et Kaspar, respectivement ancien président et président en exercice du Conseil pontifical pour la promotion de l'unité des chrétiens[85]. Tous les trois ont défendu l'impératif du dialogue œcumémnique et interreligieux et souligné que pour s'y engager l'Église doit faire preuve d'humilité. Ces cardinaux craignaient qu'à la suite de la déclaration de Ratzinger l'ouverture au dialogue manifestée par l'Église ne soit interprétée comme une stratégie subtile visant à lui permettre d'accomplir sa mission de convertir les adeptes des autres religions au catholicisme romain.

En fait, la publication de *Dominus Jesus* en août 2000 fut inspirée par la crainte de voir les catholiques d'Asie soumis à une influence démesurée de la spiritualité des grandes religions asiatiques pratiquées autour d'eux. Des théologiens catholiques asiatiques avaient publié des textes suggérant que les catholiques ont quelque chose à apprendre des traditions spirituelles des autres religions. Voici une déclaration publiée en 1987 par le Comité consultatif théologique de la Fédération des conférences épiscopales asiatiques (FABC).

> Son expérience des autres religions a conduit l'Église en Asie à apprécier positivement leur rôle dans l'économie divine du salut. Cette appréciation se fonde sur les fruits de l'Esprit perçus dans la vie des croyants des autres religions : le sens du sacré, l'engagement dans la quête de la plénitude, la soif de réalisation personnelle, le goût de la prière et de l'engagement, le désir du renoncement, le combat pour la justice, l'aspiration à une bonté humaine fondamentale,

---

85. Diverses déclarations citées dans *Origins*, 2 novembre 2002, p. 331-338.

l'esprit de service, l'abandon total à Dieu et l'attachement au transcendant dans leurs symboles, leurs rites et jusque dans leur vie, même si la faiblesse humaine et le péché n'en sont pas absents. Cette appréciation positive se fonde encore sur la conviction de foi que Dieu n'a qu'un seul dessein de salut qui veut rejoindre tous les peuples : c'est le Règne de Dieu par lequel il cherche à se réconcilier toutes choses en Jésus Christ[86].

Le Vatican a pris vivement conscience de cette ouverture sans précédent lors du Synode spécial pour l'Asie, qui s'est tenu à Rome du 18 avril au 14 mai 1998. L'exhortation apostolique *Ecclesia in Asia*, publiée le 9 novembre 1999, formulait la réponse de Jean-Paul II à plusieurs questions soulevées pendant ce synode. À la surprise de nombreux lecteurs, l'exhortation du Pape mettait l'accent sur la mission de l'Église de convertir au christianisme les populations asiatiques. Voici les paroles du Pape : «tout comme au premier millénaire la Croix fut plantée sur le sol européen, au second millénaire sur le sol américain et africain, [qu'] on puisse, au troisième millénaire, recueillir une grande moisson de foi sur ce continent si vaste et si vivant[87].» Dans ses notes infrapaginales, *Ecclesia in Asia* ne renvoie qu'aux textes du magistère romain et ne fait aucune mention de textes théologiques produits par le Comité consultatif théologique asiatique. *Ecclesia in Asia* a

---

86. Cité dans Jacques Dupuis, *Toward a Christian Theology of Religious Pluralism*, Maryknoll, NY, Orbis Books, 1997, p. 220.

87. Voir l'exhortation apostolique *Ecclesia in Asia*, § 1 (6 novembre 1999).

généralement été interprétée comme un avertissement adressé aux Églises d'Asie[88]. Le document du cardinal Ratzinger, *Dominus Jesus*, est venu confirmer cette interprétation.

Le même genre d'avertissement émanait de la notification du 26 février 2001, publiée par la Congrégation du cardinal Ratzinger, à la suite d'une étude approfondie de l'ouvrage important de Jacques Dupuis, *Vers une théologie chrétienne du pluralisme religieux*. Jacques Dupuis est un théologien jésuite reconnu qui a passé la plus grande partie de sa vie en Inde. Il a écrit sur le dialogue interreligieux des livres qui ont été très bien reçus, et il jouissait de l'estime et de la confiance des évêques indiens. En guise d'avertissement à d'autres, ce grand savant fut soumis à une procédure d'inquisition humiliante et épuisante pour aboutir à la conclusion anodine que l'ouvrage contenait un certain nombre de passages ambigus qui pourraient être interprétés d'une manière contraire à la foi catholique.

À l'inverse, pendant la même décennie, le conflit croissant entre les États-Unis et le monde musulman était interprété par le pape Jean-Paul II comme un «signe des temps» qui exigeait de l'Église qu'elle repense son enseignement. Le Pape n'a pas accepté la thèse du livre bien connu de Samuel Huntington voulant qu'un affrontement de civilisations – entre l'Islam et l'Occident – soit pratiquement

---

88. Voir Hans WALDENFELS, «Ecclesia in Asia» dans David KENDALL et Gerald O'COLLINS (sous la dir. de), *In Many and Diverse Ways: In Honour of Jacques Dupuis*, Maryknoll, NY, Orbis Books, 2003, p. 194-208.

inévitable parce que, dans l'optique de Huntington, les religions à l'origine de ces civilisations sont porteuses de valeurs incompatibles. Jean-Paul II a donné son plein appui au projet des Nations unies en faveur du «dialogue des civilisations». Les expériences fructueuses du Conseil pontifical pour le dialogue interreligieux avaient convaincu le pape que les grandes religions mondiales, en dépit d'une longue histoire de conflits, sont porteuses de valeurs qui promeuvent la justice et la paix. Nous avons vu au chapitre 4 qu'en réponse à la tension croissante entre l'Ouest et le monde musulman, le Pape s'est fait le défenseur passionné de ce qu'il a appelé «la culture de la paix»: respect de l'autre, désir du dialogue, appréciation du pluralisme et engagement pour la solidarité universelle.

Dans ce contexte, Jean-Paul II a exprimé un profond respect pour l'Islam et fait l'éloge du pluralisme des civilisations en allant plus loin que la théologie de Vatican II. Voici quelques-uns de ces textes. Lors d'une rencontre avec des représentants de la communauté musulmane dans la cour de la Grande Mosquée omeyyade de Damas, le 6 mai 2001, le Pape a prononcé ces mots:

> Pour nous, Chrétiens et Musulmans, la rencontre avec Dieu dans la prière est la nourriture nécessaire de nos âmes, sans laquelle nos cœurs se flétrissent et notre volonté ne lutte plus pour le bien, mais succombe au mal. Les Musulmans et les Chrétiens honorent pareillement leurs lieux de prière, oasis où ils rencontrent le Dieu Miséricordieux dans leur voyage vers la vie éternelle, et où ils rencontrent leurs frères

et leurs sœurs en religion. [...] Je souhaite ardemment que les responsables religieux et les professeurs de religion, musulmans et chrétiens, présentent nos deux importantes communautés religieuses comme des communautés engagées dans un dialogue respectueux, et plus jamais comme des communautés en conflit.

Le 20 février 2003, le Pape s'adressait comme suit à une délégation interreligieuse venue d'Indonésie :

En ce moment de grande tension pour le monde, vous êtes venus à Rome et je suis heureux d'avoir l'occasion de m'entretenir avec vous. Alors que la possibilité bien réelle de la guerre se dessine à l'horizon, nous ne devons pas permettre que la politique devienne une source de division supplémentaire entre les religions du monde. En effet, pas plus la menace de la guerre que la guerre elle-même ne doit permettre d'éloigner les chrétiens, les musulmans, les bouddhistes, les hindous et les membres des autres religions. En tant que responsables religieux engagés au service de la paix, nous devons travailler ensemble avec nos fidèles, avec ceux qui professent d'autres croyances religieuses et avec tous les hommes et toutes les femmes de bonne volonté, afin de garantir la compréhension, la coopération et la solidarité.

Les catholiques ont-ils le droit de se réjouir du pluralisme religieux comme d'une expression du dessein providentiel de Dieu, ou sont-ils tenus de voir dans le pluralisme religieux un défaut destiné à être corrigé par la conversion de l'humanité à la foi chrétienne ? En réaction à la tension croissante entre diverses civilisations, Jean-Paul II a encouragé le respect de l'altérité, le dialogue par-delà les frontières, et une appréciation théologique du pluralisme religieux. Je me permets de citer de nouveau les deuxième et troisième commandements de son *Décalogue de la paix*, déjà cité au chapitre 4.

> Nous nous engageons à éduquer les personnes au respect et à l'estime mutuels, afin que l'on puisse parvenir à une coexistence pacifique et solidaire entre les membres d'ethnies, de cultures et de religions différentes.
>
> Nous nous engageons à promouvoir la culture du dialogue, afin que se développent la compréhension et la confiance réciproques entre les individus et entre les peuples, car telles sont les conditions d'une paix authentique.

Le même jour, le 24 janvier 2002, dans un discours devant les représentants religieux réunis à Assise, le Pape a fait l'éloge du pluralisme en tant qu'élément du dessein admirable de Dieu.

> Avec un émerveillement chaque jour renouvelé, nous constatons la variété avec laquelle la vie humaine se manifeste, des deux pôles féminin et masculin jusqu'à une multiplicité de dons caractéristiques, propres aux diverses cultures et traditions, qui constituent un univers linguistique, culturel et artistique aux formes et aux facettes multiples. C'est une multiplicité qui est appelée à s'associer par la confrontation et le dialogue pour l'enrichissement et la joie de tous.

Le Pape n'explique pas ici les raisons théologiques qui lui font rendre hommage au pluralisme religieux. La christologie du Logos, implicite dans *Nostra ætate* et clairement développée dans *Dialogue et proclamation*, nous permet de trouver notre joie dans les rites et les valeurs spirituelles que nous partageons avec les adeptes d'autres religions. Cette théologie nous permet de respecter les grandes religions mondiales à cause de leur *ressemblance* avec la religion chrétienne, mais non pas à cause de leur *différence*. La différence religieuse est-elle un aspect positif du dessein de Dieu ? Certaines déclarations de Jean-Paul II suggèrent une appréciation théologique de l'altérité, mais la question touchant la mission de l'Église dans le monde n'a pas encore trouvé de réponse complète dans son enseignement officiel.

Réflexions théologiques

Le respect de l'altérité est devenu un enjeu théologique et éthique crucial dans le monde d'aujourd'hui. Pouvons-nous éviter un affrontement de civilisations ? Pouvons-nous vivre en paix dans des sociétés qui sont devenues religieusement pluralistes ? Les philosophes profanes suggèrent qu'il suffit d'un peu de tolérance à l'égard des idées et des pratiques religieuses. Mais pour des hommes et des femmes de foi, la question est plus complexe. Ils veulent être fidèles à leur propre tradition religieuse et, en même temps, apprendre à respecter l'altérité. Ils se demandent s'ils peuvent s'ouvrir au pluralisme religieux sans trahir leur propre engagement de foi.

Dans un livre intitulé *The Dignity of Difference*, Jonathan Sachs, savant juif et rabbin orthodoxe, explique que le respect du pluralisme religieux est en accord avec la doctrine juive. Dans *Western Muslims and the Future of Islam*, Tariq Ramadan, savant musulman et chef religieux, appuie le respect de l'altérité d'un point de vue théologique musulman. Des chrétiens peuvent-ils reconnaître la dignité de la différence? Pouvons-nous nous réjouir du pluralisme religieux comme d'un don de la divine providence, ou devons-nous y voir une lacune historique destinée à être comblée par la réconciliation de l'humanité au sein de la seule et unique Église du Christ?

Nous avons vu qu'en réaction à la tension et à la violence entre l'Occident et le monde musulman, le Pape Jean-Paul II a fait un éloge sans précédent du pluralisme religieux. Mais l'enseignement officiel de l'Église n'a pas encore résolu le débat théologique sur cette question.

Il y a néanmoins des situations historiques concrètes où les Églises ont résolu le problème pour elles-mêmes sur le plan pratique. Certaines communautés chrétiennes sont convaincues que les circonstances les obligent à comprendre leur mission exclusivement en termes de dialogue, de coopération et de témoignage. En voici trois exemples.

Le premier vient d'Indonésie, pays créé par la lutte politique pour l'autodétermination de différents peuples et tribus soumis à la puissance coloniale néerlandaise. Pour créer un pays qui puisse regrouper et accueillir un grand nombre de traditions différentes, les dirigeants politiques ont produit une constitution qui s'appuie sur la *Pancasila*, politique culturelle qui favorisait la justice sociale et la démocratie et protégeait le pluralisme religieux[89]. Alors que la population de l'Indonésie est à quatre-vingts pour cent musulmane, la Pancasila reconnaît cinq traditions religieuses – musulmane, hindoue, bouddhiste, catholique et protestante – et appuie leur développement spirituel à condition qu'elles renoncent à essayer de convertir les autres à leur propre foi. Dans un contexte politique délicat, la coexistence pacifique exige de chaque religion qu'elle se contienne. La Pancasila rend illégal tout effort entrepris par des groupes religieux étrangers pour entrer au pays dans un but de prosélytisme. Les deux Églises d'Indonésie, la catholique et la protestante, ont dû se demander s'il était conforme à leur foi en Jésus Christ d'accepter la Pancasila. Après une longue période de réflexion, les Églises ont décidé de s'engager à respecter la politique culturelle du pays au nom d'un plus grand bien commun, la coexistence pacifique des cinq religions. Elles ont accepté de définir leur mission en fonction du dialogue interreligieux et de la coopération au service de l'unité nationale, de la justice sociale et de la démocratie. Continuant à vivre leur vocation prophétique, elles ont osé critiquer le gouvernement, mais toujours en respectant les conditions fixées par la politique de la Pancasila.

Le deuxième exemple vient de la coopération interreligieuse dans la pastorale offerte en milieu hospitalier ou

---

89. «Indonesian Catholics and 'Pancasila'», *The Ecumenist*, 27 (mars-avril 1989), p. 33-40.

carcéral. Ici, les ministres des diverses religions refusent de faire du prosélytisme. Lorsqu'ils rencontrent des personnes qui demandent un soutien pastoral, ils s'informent de leur religion et avisent le ministre concerné. Si on ne peut en trouver, ils offrent un soutien spirituel aux personnes d'une foi différente de la leur. Il est strictement interdit de convertir les gens. Pour favoriser cette forme nouvelle de coopération pastorale, les ministres des diverses religions assistent ensemble à des séminaires, pratiquent le dialogue interreligieux et, dans bien des cas, se lient d'amitié. Dans les pays où le ministère religieux dans les hôpitaux et dans les prisons est financé par des fonds publics, la pratique de ce ministère pluraliste est reconnu par la loi, et les organismes religieux signent une déclaration par laquelle ils s'engagent à respecter les termes de cette entente de coopération.

Le Conseil multireligieux de l'Ontario pour les soins spirituels et religieux (*Ontario Multifaith Council*) est un organisme non gouvernemental qui représente un large éventail de groupes religieux de la province de l'Ontario[90]. En vertu d'un protocole d'entente signé en décembre 1992 avec le gouvernement de l'Ontario, le Conseil a été investi de la responsabilité publique d'exercer son ministère dans les établissements financés par l'État comme les hôpitaux et les prisons. En parcourant la liste des membres du conseil en mars 2000, j'ai trouvé des organismes juifs,

---

90. Voir le site Internet du Ontario Multifaith Council : www.omc.on.ca.

musulmans, hindous, bouddhistes, sikhs et zoroastriens en plus d'entités chrétiennes incluant non seulement les grandes dénominations mais aussi des groupes évangéliques, pentecôtistes et mormons. Pour ces communautés de foi, la pratique passe avant la théorie : elles comprennent qu'en aidant les autres elles aident aussi les leurs à recevoir un soutien spirituel quand ils en ont besoin. Le pluralisme fondé sur la foi permet à chaque personne dont on s'occupe d'approfondir son appartenance à sa propre tradition.

Le troisième exemple est la politique adoptée par les grandes Églises nord-américaines, notamment l'Église catholique, en vue de respecter les communautés immigrantes de diverses confessions, de prêcher contre la discrimination à laquelle elles sont exposées et de défendre leurs droits humains dans la société d'accueil. Les Églises ne font aucun effort institutionnel pour convertir ces personnes au christianisme. Il serait contraire à l'éthique d'accueillir des immigrants dans votre pays puis de profiter de ce qu'ils sont tout proches pour leur prêcher l'Évangile. Il y a quelques années, au Texas, l'Église baptiste du Sud annonça qu'elle allait envoyer mille missionnaires à Chicago pour convertir à Jésus les non-chrétiens résidant dans cette vaste agglomération. Tout de suite, le Conseil interreligieux de Chicago, dont fait partie l'archevêque catholique, a envoyé une lettre pressante à l'Église baptiste du Sud pour lui demander de renoncer à son projet missionnaire : le non-respect de la religion des immigrants serait perçu comme une insulte, troublerait la paix sociale de la ville et pourrait même engendrer la violence[91]. Les missionnaires texans ne sont jamais venus. Les grandes Églises nord-américaines comprennent que leur mission divine auprès des communautés immigrantes de religions différentes consiste à témoigner de leur foi au Christ en pratiquant un dialogue respectueux et en collaborant avec les autres à cultiver la justice et la paix.

Des incidents comme celui du projet missionnaire texan à Chicago montrent la nécessité d'une nouvelle réflexion sur le sens de la liberté religieuse. Nous avons eu tendance à interpréter celle-ci, à l'exemple du libre marché, comme la liberté de faire la promotion de notre propre religion, de concurrencer les autres organisations religieuses et de faire de notre mieux pour élargir notre clientèle. Mais la religion n'est pas une marchandise. Il est possible de faire comprendre que le droit humain à la liberté religieuse garantit le respect de la religion des gens, la liberté de la pratiquer en privé et en public, et la protection contre le prosélytisme orchestré par certains groupes missionnaires.

Une interprétation positive du pluralisme religieux commence à prendre forme dans les politiques pastorales de l'Église catholique. Dans une brochure intitulée *Proposer aujourd'hui Jésus Christ. Une voie de liberté et de responsabilité*, publiée par l'archidiocèse de Montréal, nous trouvons le paragraphe que voici sur le pluralisme religieux.

---

91. *National Catholic Reporter*, 10 décembre 1999, p. 9.

Le pluralisme religieux présent à Montréal, polyphonie des voix des chercheurs de Dieu, peut susciter le désir de bien connaître sa partition et de reconnaître les langues multiples de l'Esprit. Le premier effet de la pratique du dialogue des religions est de conduire les unes et les autres au meilleur d'elles-mêmes, à mettre en valeur ce qu'elles ont d'humanisant et à atténuer les aspects intransigeants. L'Esprit nous attend d'abord dans une pratique de la cordialité. Pourvu qu'elles aident l'être humain à grandir, les différentes religions peuvent être considérées comme d'authentiques manifestations de la sollicitude de Dieu. (p. 10)

Le texte continue : « Cependant la mission d'annoncer l'Évangile à tous demeure ; le chrétien croit qu'en Jésus Christ, Dieu s'est approché de manière radicale et décisive pour toute l'humanité. » Pareille affirmation n'entend pas faire du dialogue un instrument de prosélytisme ; elle reconnaît plutôt que dans le dialogue interreligieux les participants révèlent leurs convictions religieuses, ce qui pour les chrétiens revient à professer leur foi en Jésus Christ.

L'évolution extraordinaire des relations entre l'Église et les religions non chrétiennes a été une réponse au nom du Christ aux « signes des temps », à l'interdépendance mondiale sujette à la menace d'un violent conflit mondial. Ces changements remarquables dans la doctrine et dans la pratique de l'Église m'incitent à proposer la thèse que *l'Église est là pour proclamer l'Évangile aux personnes qui vivent une recherche spirituelle, à celles qui sont dans le désarroi, à des gens qui n'ont ni foi ni espérance et à d'autres qui sont victimes d'idéologies destructrices, mais que sa mission à l'égard des grandes religions en est simplement une de dialogue, de coopération et de témoignage.* Selon cette thèse, l'Église ne prêche pas l'Évangile pour convertir à la foi chrétienne les juifs, les musulmans, les hindous et les bouddhistes, et les membres des autres grandes religions. Le dialogue, la coopération et le témoignage au service de la justice et de la paix sont les activités que suscite l'Esprit pour redynamiser toutes les communautés croyantes, y compris l'Église. Si cette thèse n'est pas encore la position officielle de l'Église, l'enseignement récent du magistère, examiné dans le présent chapitre, m'amène à penser qu'elle finira par le devenir. Un jour, l'Église nous exhortera à nous réjouir du pluralisme comme d'une dimension bénéfique de la providence divine.

La thèse que je propose est très différente de celle que formulent certains philosophes de la religion pour qui les grandes religions ne font qu'offrir des métaphores et des symboles différents d'un seul et même incompréhensible mystère divin. Pour eux, les grandes religions n'en sont essentiellement qu'une seule et, par conséquent, elles sont toutes également vraies. Des théologiens libéraux ont déjà mis de l'avant des idées semblables parce qu'ils sont embarrassés par les prétentions absolues de l'Église à l'autorévélation de Dieu en Jésus Christ.

Ce que je propose est bien autre chose. Je soumets que dans la société globale d'aujourd'hui Jésus Christ appelle l'Église à respecter la différence religieuse, à estimer les autres traditions religieuses et à se réjouir de l'engagement d'autrui au service de l'amour, de la justice et de la paix. J'ai parlé des penseurs religieux juifs et musulmans qui montrent que le respect de la différence est possible dans la perspective de leur foi. Le témoignage de philosophes religieux d'autres grandes religions confirme que le respect du pluralisme religieux est conforme à leurs diverses traditions. Nous remarquons que l'évaluation positive du pluralisme religieux par ces religions ne se fonde pas sur une seule et même théorie théologique prétendant à la vérité universelle. Non, elle se fonde sur des théories différentes les unes des autres, sur une théologie chrétienne qui vaut pour les chrétiens, sur une théologie judaïque qui vaut pour les juifs, sur une théologie musulmane qui vaut pour les musulmans, et ainsi de suite. Ici, chaque religion demeure fidèle à sa propre tradition; aucune n'est appelée à renoncer à son identité; aucune ne renonce à ses prétentions à la vérité. L'absolu auquel se voue chaque religion enjoint ses adeptes de respecter la différence et d'estimer le pluralisme.

Une livraison récente du *Journal of Ecumenical Studies* publiait les communications présentées lors d'un dialogue interreligieux organisé en Macédoine, la seule des républiques nées de l'éclatement de l'ancienne Yougoslavie à avoir échappé à la violence. Mais les tensions dans le pays sont considérables. La majorité de la population appartient à l'Église orthodoxe macédonienne, une minorité importante est musulmane albanaise et on trouve de petites communautés catholique, méthodiste et juive. Les participants au dialogue croient qu'on ne pourra préserver la paix que si les religions adoptent un discours public qui respecte le pluralisme religieux et qui estime les croyances religieuses différentes des leurs. Un penseur musulman influent reconnaît que chrétiens et musulmans ont reçu la mission de convertir le monde à leur foi, mais il ajoute que s'ils devaient exercer cette mission dans le climat instable de la Macédoine, ils provoqueraient une explosion de violence. Dans une perspective musulmane, conclut-il, la paix a priorité sur la mission : en Macédoine, le respect de l'autre est un impératif divin[92]. Son raisonnement nous rappelle la position adoptée par Jean-Paul II : au nom de la paix dans un monde profondément divisé, la fidélité au Christ exige de l'Église un discours public qui respecte l'altérité et se réjouisse du pluralisme religieux.

La christologie du Logos, implicite dans *Nostra ætate* et confirmée explicitement dans *Dialogue et proclamation*, offre-t-elle un fondement adéquat pour une reconnaissance théologique de l'altérité ? La christologie du Logos semble n'estimer les autres religions qu'en fonction de leur ressemblance à notre foi, et non pour leur différence. Cette théologie est-elle un reliquat du triomphalisme chrétien ?

---

92. Asghar ALI ENGINNER, « Da'wah or Dialogue ? », *Journal of Ecumenical Studies*, 39 (hiver-printemps 2002), p. 26. Lors d'un autre dialogue interreligieux, un catholique japonais faisait valoir que « le dialogue représente un besoin urgent pour la survie de l'humanité. » Citant Leonard Swindler, il ajoutait : « c'est une affaire de dialogue ou de mort. » Filo HIROTA, *Journal of Ecumenical Studies*, 39 (hiver-printemps 2002), p. 104.

Certains théologiens, insatisfaits de voir l'Église prétendre détenir la vérité absolue, sont prêts à abandonner l'ancienne doctrine qui voit en Jésus la révélation définitive de Dieu, l'incarnation du Verbe divin, le sauveur universel de l'humanité. Ils cherchent une christologie alternative qui laisse de la place aux fondateurs des autres religions. Dans l'évangile de Marc, par exemple, Jésus apparaît comme le grand prophète, le serviteur de Dieu, celui qui vient aider les humains, le maître de miséricorde, le thaumaturge guérisseur et l'homme qui exerce le pouvoir sur les esprits et les forces naturelles – sans qu'il n'y ait encore aucune référence à l'Incarnation et à la Trinité. Pouvons-nous remonter à cette première façon de comprendre Jésus, mettre entre parenthèses les credo classiques et nous regarder comme une tradition religieuse parmi d'autres ? Certains courants théologiques protestants, au nom de l'humilité, vont dans cette direction.

Cette approche ne me convainc pas. Laisser de côté le drame cosmique de la rédemption révélé dans l'histoire de l'homme Jésus dépouille de leur sens tant de passages bibliques que le Nouveau Testament ne tient plus. Il me semble impossible d'amputer le message biblique de l'idée que se révèle dans la vie, la mort et la résurrection de Jésus l'action miséricordieuse de Dieu qui arrache l'humanité à toutes les puissances d'aliénation et réconcilie le monde avec son Créateur. Je ne vois pas dans les doctrines de l'Incarnation et de la Trinité des paradigmes étrangers plaqués sur les Écritures, mais plutôt les symboles sacrés qui clarifient et unifient le message biblique de salut universel.

La mission de l'Église dans un monde pluraliste est peut-être mise en lumière par une nouvelle approche théologique élaborée par des théologiens contemporains qui tentent de se réapproprier une ancienne doctrine portant sur la *kenosis* divine. Nous lisons dans l'épître de saint Paul aux Philippiens (2, 7) que Jésus ne s'est pas accroché à son statut divin, mais qu'il «s'est vidé de lui-même en prenant la condition de serviteur et en devenant semblable aux hommes». Le mot grec *kenosis* évoque l'évidement. L'évidement, l'anéantissement de Jésus, a-t-on dit, reflète à la fois le mouvement de kénose au sein de la Sainte Trinité (le don total d'eux-mêmes que se font les uns aux autres le Père, le Fils et l'Esprit) et le moment de kénose de l'acte divin de la création (Dieu qui se contracte par amour afin de créer un espace pour le non-divin et pour la liberté humaine). Dans la théologie catholique, ce thème de la kénose a été exploré avec succès par Lucien Richard dans *Christ: The Self-Emptying of God*. L'auteur écrit:

> Si l'on peut concevoir l'immanence de Dieu comme sa présence en tant qu'Esprit, la démarche qui permet cette présence en est une de kénose. La démarche de la création comporte un prix: en créant, Dieu se limite lui-même et permet au cosmos d'émerger avec une autonomie propre. Dieu, dans sa causalité créatrice, crée un espace où puisse

émerger la liberté et l'autonomie humaine et où l'ordre naturel puisse évoluer sous le signe de la flexibilité[93].

On trouve peut-être une allusion à la kénose divine quand Jean-Paul II affirme de Dieu qu'il a choisi de se faire «impuissant[94]» pour respecter la liberté humaine. Si, par amour, Dieu pratique la kénose et si Jésus a pratiqué la kénose, l'Église qui prolonge la vie du Christ dans l'histoire ne devrait-elle pas, elle aussi, pratiquer la kénose? L'étude de Lucien Richard consacre tout un chapitre à la kénose dans la mission de l'Église[95]. L'Église, écrit-il, n'existe pas pour elle-même; toute sa nature consiste à aimer Dieu et la création de Dieu, et à servir l'Esprit divin qui cherche à la préserver de l'autodestruction. Il explique que l'anéantissement auquel l'Église est appelée la pousse à se faire solidaire de toute la famille humaine et à se vouer au bien commun global. L'Église est pour les autres. Mais Richard n'explore pas les conséquences de la vocation de l'Église à la kénose en ce qui concerne sa réaction au pluralisme religieux. Il me semble que la réponse est claire. De même que Jésus ne s'est pas accroché à son statut divin, mais a choisi librement de se faire semblable aux hommes, l'Église de la kénose comprend son mandat divin non pas comme un atout moussant sa compétitivité vis-à-vis des autres

---

93. Lucien RICHARD, *Christ: The Self-Emptying of God*, New York, Paulist Press, 1997, p. 136.

94. JEAN-PAUL II, *Crossing the Threshold of Hope*, New York, Alfred A. Knopf, 1994, p. 64.

95. Lucien RICHARD, p. 179-194.

religions, mais comme une mission de contribuer à opérer le virage de la concurrence à la coopération. Cette ecclésiologie marquée par la kénose est tout à fait conforme aux anciens credo – c'est-à-dire aux doctrines de l'Incarnation et de la Trinité – et elle permet à l'Église d'estimer les religions dans leur différence et de se réjouir du pluralisme religieux.

Je m'empresse d'ajouter que cette estime du pluralisme religieux ne doit pas nous masquer la réalité historique ambiguë de toute religion, le christianisme compris. Le sacré est une réalité ambivalente en ce sens qu'il peut servir à promouvoir le bien et le mal, la paix et la guerre, la solidarité et l'hostilité, la vérité et le mensonge. L'histoire de l'Église ne nous permet pas d'oublier la violence des conflits religieux, la dureté dans l'imposition de la conformité et la caution religieuse accordée à la conquête coloniale comme à la domination impérialiste. La religion est vraiment un fourre-tout. La Conférence mondiale des religions pour la paix a reconnu dans ses déclarations publiques que toutes les grandes religions ont été utilisées pour légitimer la violence et la guerre, et pour alimenter l'hostilité et la haine. «En tant qu'hommes et femmes de religion, nous confessons dans l'humilité et la pénitence que nous avons souvent trahi nos idéaux religieux et notre engagement au service de la paix. Ce n'est pas la religion qui a laissé tomber la cause de la paix,

---

96. Conférence mondiale des religions pour la paix, *Déclaration de Kyoto* (1970); voir le site www.wcrp.org.

ce sont les personnes qui s'en réclament[96]. » Par ailleurs, d'après la Conférence mondiale, les aspirations les plus authentiques de toutes les religions tendent à appuyer la justice et la paix. Les grandes religions, notamment le christianisme, ont besoin de guérison et de renouveau; leurs propres traditions les appellent à devenir des agents de coopération pacifique; l'appel de Dieu les enjoint d'offrir un appui spirituel à l'effort commun de l'humanité au service du bien commun universel.

Des hommes et des femmes extérieurs au monde religieux ont été à tel point dégoûtés par l'étroitesse de la religion et par la faculté qu'elle a de diviser les gens qu'ils estiment que le monde serait beaucoup mieux sans religion. Ils appuient les politiques des États qui ne reconnaissent la religion qu'à titre de cheminement spirituel individuel et qui l'excluent de la sphère publique. Cela me paraît une grave erreur. Les preuves ne manquent pas de réactions fondamentalistes engendrées par le laïcisme idéologique, soit une interprétation rigide de la tradition religieuse et le refus d'entrer en dialogue. On ne peut venir à bout du côté obscur de la religion qu'en redonnant vie à son héritage le plus légitime. Puisque la communication interreligieuse examinée ici est une source de renouveau pour tous les participants, elle acquiert aujourd'hui une importance historique d'envergure mondiale.

6

EN CONCLUSION :
UN ENSEIGNEMENT NOUVEAU

Dans les chapitres précédents, nous avons vu qu'en s'ouvrant à un nouvel horizon éthique l'Église a dû réviser son enseignement officiel. Interpellée par la culture égalitaire de la modernité et par ses propres trahisons sous couleur de conquête, de colonialisme et d'exclusions meurtrières, l'Église catholique, après avoir renouvelé sa réflexion sur la Parole de Dieu, a confirmé certaines aspirations modernes et en a rejeté d'autres – chaque fois pour des raisons théologiques. J'ai exprimé à plusieurs reprises mon étonnement devant l'évolution extraordinaire de l'enseignement officiel de l'Église. Le magistère ecclésiastique a changé d'avis au sujet de la liberté religieuse et des droits de la personne en général et, dépassant sa doctrine antérieure, il reconnaît la liberté, l'égalité et la participation comme des valeurs qui s'appuient sur la révélation divine. Désormais, dans l'enseignement officiel de l'Église, les êtres humains sont perçus comme des sujets historiques responsables de leur propre vie et de leur société. *Gaudium et spes* prend acte en l'approuvant de «la naissance d'un nouvel humanisme; l'être humain s'y définit avant tout par la responsabilité qu'il assume envers ses frères et sœurs et devant l'histoire». (§ 55) Pour exprimer ce nouvel humanisme, Jean-Paul II a introduit un terme nouveau dans le vocabulaire de l'Église: il a parlé de la «subjectivité» des êtres humains (c'est-à-dire de leur liberté de voir, de juger et d'agir), qui doit être respectée par toutes les personnes en autorité.

Jean-Paul II a insisté pour que soit intégralement respectée la subjectivité des personnes parce qu'il estime que le drame qui se joue dans la conscience personnelle qui cherche à faire le bien est la source de sa grande dignité. Ce drame intérieur est décrit dans *Gaudium et spes*:

> Au fond de sa conscience, l'homme découvre la présence d'une loi qu'il ne s'est pas donnée lui-même, mais à laquelle il est tenu d'obéir, [...] Car c'est une loi inscrite par Dieu au cœur de l'homme; sa dignité est de lui obéir, et c'est elle qui le jugera. La conscience est le centre le plus secret de l'homme, le sanctuaire où il est seul avec Dieu et où Sa voix se fait entendre. C'est d'une manière admirable que se découvre à la conscience cette loi qui s'accomplit dans l'amour de Dieu et du prochain. (§ 16)

D'après la dernière phrase de ce paragraphe, le drame qui se joue dans la conscience personnelle, c'est l'écoute et la réponse à un appel divin à aimer Dieu et le prochain. Cela signifie, en termes scolastiques, que ce drame est «surnaturel». Dans leur conscience, les gens vivent une rencontre avec Dieu, écoutent la Parole de Dieu et répondent à l'Esprit Saint. Le don gratuit que Dieu fait de lui-même, don que proclame et célèbre l'Église, est un mystère rédempteur qui touche chaque être humain dans sa conscience.

Cette nouvelle compréhension de l'être humain a persuadé les théologiens et éventuellement l'Église officielle de revenir à l'ancienne christologie du Logos et de reconnaître la présence créatrice et rédemptrice de Dieu dans l'ensemble de l'histoire humaine, comme nous l'avons vu au chapitre 2. Selon les derniers papes, que nous avons étudiés dans ce livre, on ne peut comprendre les êtres humains sans tenir compte de l'appel divin qui les interpelle. Grâce à la miséricorde de Dieu, qui nous est révélée dans l'Incarnation et dans le don que le Christ choisit de faire de lui-même sur la croix, les êtres humains ne sont plus simplement définis par leur nature blessée par le péché ; ils sont aussi définis par l'appel rédempteur qui résonne dans leur conscience et qui les rejoint à travers des textes spirituels et le bon exemple de leurs voisins. Au sens strictement théologique du terme, les gens du monde entier sont nos frères et nos sœurs.

Parce que le don miséricordieux que Dieu fait de lui-même est universel, les disciples de Jésus Christ optent librement pour la solidarité universelle : ils veulent accueillir dans l'amour toute la famille humaine, y compris les membres des autres religions et les personnes sans religion. Relisons encore une fois la première phrase de *Gaudium et spes* :

> Les joies et les espoirs, les tristesses et les angoisses des hommes de ce temps, des pauvres surtout et de tous ceux qui souffrent, sont aussi les joies et les espoirs, les tristesses et les angoisses des disciples du Christ.

Selon cette formule remarquable, la solidarité universelle accorde une attention particulière aux pauvres et aux affligés. Il s'agit là d'une brève référence à l'évolution de l'enseignement social de l'Église qui appelle à l'option préférentielle pour les pauvres. Cette évolution – étudiée au chapitre 3 – a élevé à l'ordre spirituel l'engagement pour la justice sociale, en tant que dimension indispensable de la vie de foi, d'espérance et de charité. Cette évolution a aussi redéfini radicalement l'enseignement social catholique comme lecture de la société du point de vue de ses victimes et engagement en solidarité avec leur combat pour la justice. C'est bien là l'aspect subversif de l'enseignement social catholique d'aujourd'hui.

L'option pour les victimes ne nous permet pas d'interpréter la société en termes organiques ou de nous fier à la bonne volonté des élites politiques et économiques dominantes. À la base de cette option, il y a une conscience profonde du péché humain. Dans ce monde déchu, toute société est blessée par deux tendances destructrices auxquelles il faut constamment résister : l'accroissement de l'inégalité des conditions entre les élites puissantes et les membres ordinaires de la société, et l'inflation constante de l'image de soi de la société qui la pousse à se sentir supérieure aux autres sociétés et éventuellement à les mépriser. Ces deux tendances marginalisent des groupes de personnes ; elles créent des victimes et, le cas échéant, mènent à la violence.

Par ailleurs, l'option pour les pauvres sert le bien commun de la société et suscite la possibilité d'une solidarité qui soit vraiment universelle. À ce moment-ci, nous ne sommes pas en solidarité avec les pharaons de ce monde. Comme chrétiennes et comme chrétiens, nous refusons de les « démoniser » ; nous leur résistons, mais nous les respectons en tant qu'êtres humains ; nous prions pour leur conversion ; et, une fois démantelées les structures d'oppression, nous sommes prêts à les embrasser et à leur offrir notre solidarité. C'est pourquoi la solidarité universelle commence par les pauvres et les affligés : elle soutient le combat pour des conditions sociales qui permettent à la solidarité de devenir universelle, de rejoindre tous les membres de la société.

Nouveau, surprenant : le plaidoyer de Jean-Paul II en faveur d'une « culture de la paix », que nous avons examiné au chapitre 4. Contre l'affrontement des civilisations qu'annoncent les théories de Samuel Huntington, contre l'hégémonie politique, culturelle et économique exercée par les

États-Unis et leurs alliés, et contre la réaction aveugle et destructrice des fondamentalistes religieux, Jean-Paul II plaide pour «le dialogue des civilisations» et recommande une politique de reconnaissance et de réciprocité. Son *Décalogue pour la paix* est un document pour lequel il n'existe aucun précédent dans l'enseignement officiel de l'église. Au nom du Christ, qui nous apporte la paix, le Pape exprime le respect de la différence, même en matière de religion, et même s'il n'existe pas encore pour cette idée de garantie théologique limpide. J'ai donné le nom de *catholicisme solidaire* à ce catholicisme nouveau qui est en train de prendre forme.

Pressé par son engagement pour la paix dans un monde dangereusement divisé, Jean-Paul II offre une interprétation positive du pluralisme religieux. J'ai dit que des penseurs religieux appartenant à d'autres religions s'efforcent, eux aussi, de relever le défi de respecter l'altérité tout en restant fidèles à leur propre tradition. Dans l'engagement du Pape en faveur du dialogue des civilisations se retrouve implicitement le principe de la solidarité universelle selon lequel, du fait du don que Dieu fait de lui-même pour la réconciliation du monde pécheur, le bien commun de l'Église est subordonné au bien commun de l'humanité. En termes pratiques, si une action est bonne pour l'Église, mais mauvaise pour l'humanité, nous devons nous en abstenir.

Non moins étonnante : la nouvelle attitude de l'Église envers les autres Églises chrétiennes, le peuple juif et les

religions non chrétiennes. Ce développement extraordinaire a été examiné au chapitre 5. Passant par-dessus le
verdict négatif de Pie XI, le concile du Vatican a reconnu
que le mouvement œcuménique répond à un appel de
l'Esprit Saint. Alors que Pie XI croyait encore que les chrétiens en désaccord avec l'Église catholique sur des questions de foi et de gouvernement n'étaient ni greffés
au corps du Christ ni animés par son Esprit, le concile
Vatican II a reconnu que les autres chrétiens, en tant que
chrétiens, sont greffés au Christ par la foi et par le baptême
et que les autres Églises, en tant qu'Églises, sont média-
atrices de salut pour leurs membres.

À l'égard des Juifs, l'Église catholique a opéré un virage
à 180 degrés! Alors que la liturgie du Vendredi saint en
usage jusqu'au concile Vatican II priait pour la conversion
des Juifs aveuglés par un voile et plongés dans les ténèbres,
le Concile a reconnu la validité continue de l'ancienne
alliance entre Dieu et les Juifs et rendu hommage à leur
fidélité à la tradition du judaïsme. Ce nouvel enseignement
a été confirmé à plusieurs reprises par Jean-Paul II.

L'enseignement officiel de l'Église a aussi appris à
respecter les autres grandes religions. L'Église reconnaît
dans la coopération et le dialogue interreligieux des gestes
soutenus par l'Esprit et destinés à transformer tous ceux
qui y participent. La foi de l'Église en Jésus Christ comme
ultime révélation de Dieu ne l'empêche pas de voir dans le
dialogue et la coopération avec d'autres religions une
source de renouveau : renouveau de sa propre vie ecclésiale

et renouveau des autres religions. Dans ce contexte, l'enseignement officiel de l'Église accueille le pluralisme religieux comme un élément du dessein de Dieu sur l'humanité.

En dépit des documents ecclésiastiques que nous avons cités dans la présente étude, plusieurs catholiques, notamment des membres de la hiérarchie, ne veulent pas accepter le nouvel enseignement. La transformation de la conscience religieuse est un processus qui demande du temps. Il faut bien l'admettre, la hiérarchie ecclésiastique ne fait pas un grand effort pour mettre en pratique cet enseignement audacieux. Comment expliquer l'évolution extraordinaire de l'enseignement officiel de l'Église sur les droits de la personne, sur la présence rédemptrice de Dieu dans l'histoire, sur l'option préférentielle pour les pauvres, sur la culture de la paix et son ouverture au pluralisme religieux? Comme je l'ai dit en introduction, ce développement est dû à l'ouverture du magistère aux nouvelles expériences pastorales et aux nouvelles idées théologiques suscitées par divers mouvements dans l'Église. Il serait possible, dans chacun de ces cinq domaines, de donner le titre d'études théologiques et de projets pastoraux qui ont défendu les positions novatrices finalement adoptées par le magistère. Certains théologiens ont été censurés et sanctionnés par le Saint Office mais, parce qu'ils sont restés fidèles à leur inspiration, ils ont rendu service à l'Église et ont aidé le magistère à formuler son nouvel enseignement. Le deuxième concile du Vatican a été le grand événement ecclésial qui a fait entrer les évêques en dialogue avec le reste de l'Église et qui a permis aux nouveaux courants théologiques d'influencer l'enseignement officiel de l'Église. Mais même lorsqu'il est moins spectaculaire, le dialogue entre le magistère et les théologiens se poursuit dans le cadre d'un processus qui n'est pas toujours exempt de conflit.

Le versant sinistre de la modernité

Par les changements qu'elle a apportés à son enseignement officiel, l'Église a réagi avec créativité au nouvel horizon éthique suscité par la modernité, et en particulier par la démocratie égalitaire. L'Église s'est laissé interpeller par l'horizon éthique de la société libérale. Mais en fidélité au message de l'Évangile, elle a aussi démasqué le versant sinistre de la modernité, notamment sa trahison de la solidarité humaine. Les documents ecclésiastiques dénoncent le nouvel individualisme, la promotion fébrile de l'égoïsme, la maximisation de l'utilité, la priorité donnée à la concurrence, le culte du consumérisme, la marchandisation de la sexualité, l'indifférence à la justice sociale, l'absence d'éthique transcendante et le déclin de la foi en Dieu. Les documents ecclésiastiques déplorent l'indifférence des classes moyennes et de leurs dirigeants politiques devant la répartition inéquitable du pouvoir et de la richesse dans le monde, facteur de mort qui prive de ressources vitales des secteurs toujours plus nombreux de l'humanité. Comme je l'ai dit plus haut, l'Église établit deux tendances peccamineuses dans la société : l'une qui creuse le fossé entre les classes dominantes et les gens ordinaires, jusqu'à traiter de façon inhumaine le secteur inférieur de la société, et l'autre qui cultive au sein de la société un faux sentiment de supériorité collective, qui diminue les « autres » et finit par les juger moins qu'humains. Ces deux tendances produisent des victimes ; l'une et l'autre violent le projet de la grâce de Dieu sur monde ; l'une et l'autre exigent d'être constamment surveillées, critiquées et tenues en échec.

En lisant les documents ecclésiastiques, je suis particulièrement sensible à la critique qu'ils font de la modernité. Cela tient sans doute en partie à mon sens augustinien de l'omniprésence du péché et en partie aussi au respect que j'accorde à la théorie critique de l'École de Francfort, née dans les années 1920[97]. Pour les philosophes de l'École de Francfort, les Lumières sont devenues le grand obstacle à l'émancipation de l'humanité[98]. Qu'entendent-ils par là ? Ils expliquent qu'à l'heure actuelle, la rationalité des Lumières a laissé tomber la raison substantive, la raison qui s'intéresse aux fins, pour ne retenir que la raison instrumentale, celle qui s'intéresse aux moyens. La science et la technologie sont importantes, mais elles n'ont aucun contenu éthique ; elles rendent la société

---

97. Voir Martin JAY, *The Dialectical Imagination : A History of the Frankfurt School, 1932-1950*, Boston, Little, Brown and Co., 1973.

98. Max HORKHEIMER et Theodor W. ADORNO, *La dialectique de la raison : fragments philosophiques*, trad. de l'allemand (*Dialektik der Aufklärung* – 1969) par Eliane Kaufholz, Paris, Gallimard, 1974.

aveugle aux valeurs transcendantes; elles sont incapables de réfléchir à la signification de la liberté, de l'égalité et de la solidarité. La modernité récente, selon les philosophes de Francfort, a trahi la vision originale des Lumières en ne regardant le monde des humains que comme une collection d'objets à manipuler par la raison technoscientifique au profit des forts et des habiles. Comme on ne voit plus en eux des agents responsables, les êtres humains sont perçus de plus en plus comme déterminés par des mécanismes internes ou externes, comme des marionnettes qui ne contrôlent pas leur propre vie. La science devient de plus en plus un instrument de domination. D'après ces philosophes, dont certains étaient juifs, l'Holocauste n'a pas été causé par une régression de la société à une barbarie prémoderne, mais par une manifestation historique du versant sinistre de la modernité, le contrôle technoscientifique des gens comme objets, en l'occurrence pour les éliminer conformément aux vœux des puissants.

Par contre, les philosophes de Francfort se sont opposés fermement au rejet complet des Lumières par les conservateurs, les existentialistes et les fascistes dans les années 1920 et 1930 – et par les penseurs postmodernes dans les années 1980 et 1990. L'École de Francfort a défendu avec passion les réalisations éthiques des Lumières, la tradition des droits de la personne, et appréhendait ce qui arriverait aux gens à partir du moment où leurs droits humains ne seraient plus respectés. L'École n'était d'ailleurs pas opposée à la raison instrumentale : elle recommandait plutôt d'écarter du centre la raison technoscientifique afin de créer un espace où réhabiliter la rationalité substantive. L'urgence pour la société, d'après ces philosophes, était de ramener au jour une authentique éthique des Lumières, en particulier celle d'Immanuel Kant : l'impératif caté-gorique, l'engagement à ne jamais traiter les êtres humains comme de simples moyens, l'axiome voulant qu'une action n'est éthique que si le principe qui l'inspire peut s'appliquer de manière universelle. Mais les philosophes de Francfort étaient pessimistes : ils ne pensaient pas que la société moderne avait les ressources morales nécessaires pour vivre la conversion spirituelle qui s'impose.

J'ai été frappé par la parenté entre la théorie critique de l'École de Francfort et la complexité de la réaction théologique de l'Église à la modernité, qui fait l'objet de ce livre. La grande différence entre les deux positions vient de ce que l'Église défend la récupération d'une éthique substantive non pas en revenant à l'idéalisme kantien mais par le biais de la conversion à l'Évangile chrétien. Jean-Paul II a dit espérer que les grandes religions, réunies pour faire entendre leur voix, arriveront à soutenir le caractère sacré de la vie humaine, à défendre les droits de la personne, à promouvoir la solidarité humaine, à appeler à la justice sociale, à offrir leur soutien aux personnes pauvres et vulnérables et à exiger le respect de l'environ-nement naturel.

Le magistère change d'idée

Nous avons pu montrer dans ces pages que l'Église, en accueillant l'horizon éthique de la modernité, s'était heurtée à un nouvel ensemble de valeurs avant d'en retenir éventuellement quelques-unes pour des raisons théologiques, quitte à modifier son enseignement antérieur. Dans certains cas, les changements ont été assez dramatiques : reconnaissance de la liberté religieuse que les papes avaient condamnée pendant plus d'un siècle, éloge d'un mouvement œcuménique inspiré par l'Esprit Saint après qu'il eût été répudié par Pie XI, affirmation de la persistance de l'ancienne alliance de Dieu avec la maison d'Israël, alors que le concile de Florence avait enseigné que les Juifs allaient en enfer après leur mort, et nouvelle doctrine du dialogue des religions et des civilisations en contrepoint du tableau du monde brossé par l'ancienne liturgie du Vendredi saint.

Or nous n'avons pas l'habitude d'admettre que le magistère change d'avis. Les théories bien connues sur le développement de la doctrine essaient d'établir la continuité sans faille de l'enseignement de l'Église, passant d'une vérité reçue à une vérité plus grande. Comme je l'ai déjà relevé plusieurs fois dans ces pages, à travers sa longue histoire l'Église catholique a été fidèle à l'Écriture telle qu'interprétée par les premiers conciles œcuméniques, en particulier aux doctrines de l'Incarnation et de la Trinité, mais le sens qu'ont pris ces doctrines pour éclairer l'identité des croyants, leurs rapports entre eux et avec les autres, et leur mission divine dans le monde a toujours été élucidé en dialogue avec le contexte culturel de l'Église. Nous avons vu que l'entrée de l'Église dans l'horizon éthique projeté (et trahi) par la modernité lui a permis de modifier certains de ses enseignements.

Mais observer de la sorte que l'Église a modifié son enseignement, est-ce s'en tenir à une « lecture superficielle » des faits, que réfuterait une « lecture attentive » des mêmes données ? C'était la position du cardinal Ratzinger dans la fameuse *Note* du 1er juillet 2001, que nous avons étudié dans le premier chapitre[99]. Dans ce court document, Ratzinger faisait valoir que la décision de sa Congrégation d'abroger la condamnation portée en 1887 contre des propositions tirées des écrits de Rosmini ne paraissait contradictoire qu'à une « lecture superficielle » des faits ; une « lecture attentive » arrivait à reconnaître la constance immuable du magistère. Mais une analyse minutieuse a bien montré que l'argumentation de Ratzinger n'est pas convaincante.

Certains théologiens catholiques appliquent le même raisonnement au développement doctrinal qui a conduit à l'affirmation de la liberté religieuse. Pour Thomas Stock, une lecture attentive de l'évolution doctrinale montre que la *Déclaration de l'Église sur la liberté religieuse*, loin d'être en contradiction avec son enseignement antérieur, est parfaitement cohérente avec lui. Tout ce qui a changé, c'est le ton[100]. Affirmer la liberté religieuse n'est pas une doctrine

---

99. Voir ci-dessus page 43

nouvelle, explique Stock, parce que l'Église a toujours enseigné que les gens ont l'obligation morale de suivre leur conscience et qu'on ne peut recourir à la force pour propager la foi catholique.

Différentes raisons viennent pourtant miner l'argument voulant qu'en promulguant la *Déclaration sur la liberté religieuse* le magistère n'a pas changé d'idée.

D'abord, les défenseurs de la liberté religieuse au concile Vatican II ont bien compris qu'il s'agissait là d'un principe qui ne concordait pas avec l'enseignement des papes. Ils ne cessaient de discuter entre eux de la façon de surmonter cette difficulté. Lors d'une rencontre des évêques anglophones à Rome où on discutait de ce point – je m'en souviens très bien –, un évêque australien a posé la question, peut-être pour plaisanter : « Pourquoi ne pas dire simplement que les papes se sont trompés ? » Étant donné que certains propagandistes anticatholiques aux États-Unis se servaient de la position romaine officielle sur la liberté religieuse pour clamer qu'on ne pouvait faire confiance aux catholiques, les évêques américains ont appuyé de toutes leurs forces la déclaration conciliaire visant à corriger l'enseignement antérieur de l'Église.

Deuxièmement, le cardinal Ottaviani, alors préfet du Saint Office, ainsi que plusieurs cardinaux de la Curie romaine s'objectaient fermement à la *Déclaration sur la*

---

100. Thomas STOCK, « Catholics and Religious Liberty » sur le site Internet www.catholic-pages.com / dir / religious_liberty.asp.

liberté religieuse parce qu'elle était contraire à l'enseignement constant des papes depuis plus d'un siècle. J'ai entendu exposer cet argument à plusieurs reprises pendant le concile. Pourtant, une fois la déclaration promulguée dans l'aula conciliaire, les mêmes voix prétendaient qu'aucun changement ne s'était produit, que la liberté religieuse avait toujours été reconnue par l'Église, au moins de manière implicite. Cette attitude n'avait rien d'édifiant.

Troisièmement, l'enseignement de Vatican II sur la liberté religieuse a été reçu comme une libération par les victimes de la doctrine antérieure de l'Église. Pendant le Concile, je me suis lié d'amitié avec Paolo Ricca, ministre vaudois qui appartenait à une Église opprimée depuis des siècles en Italie et marginalisée même sous un État laïque à cause du pouvoir culturel de l'Église catholique. Paolo Ricca a été étonné par le décret sur l'œcuménisme et par la *Déclaration sur la liberté religieuse*, mais il restait sceptique. En tant que victime, il avait peine à croire que l'Église parlait sérieusement. Serait-il vraiment respecté comme un frère dans le Christ, chrétien baptisé et croyant en communion vitale quoique incomplète avec les catholiques? Paolo m'a invité à adresser la parole à sa communauté dans la montagne pour expliquer le nouvel enseignement de l'Église. (Je parlais français, il me traduisait en italien.) Quand j'ai dit aux gens que l'Église approuvait le principe de la liberté religieuse et qu'elle était solidaire des chrétiens non catholiques, ils m'ont engueulé. Ils ne pouvaient pas me croire; nous connaissons l'Église catholique mieux que vous, disaient-ils. Je ne m'en suis pas formalisé. Le changement était trop brusque. Avec le temps, la nouvelle doctrine a modifié le climat spirituel et les chrétiens vaudois ont pu respirer plus librement.

Une quatrième raison d'admettre que le magistère catholique a changé d'avis sur la liberté religieuse, c'est la réhabilitation de penseurs catholiques qui avaient été censurés pour leur désaccord avec le magistère sur cette question. John Courtney Murray, qui avait eu des problèmes avec Rome, a été invité à collaborer à la rédaction de la déclaration conciliaire.

Cette réflexion en quatre temps devrait nous faire admettre que, sur la question de la liberté religieuse, l'Église a changé d'idée. Le nier, ce serait gommer les victimes de l'ancienne doctrine. Demandez aux Juifs et à d'autres non-chrétiens si l'Église catholique a modifié son enseignement à ce sujet, et ils vous répondront oui sans la moindre hésitation. Pourquoi ? Parce que le concile de Florence les avait voués à l'enfer, alors que le concile du Vatican parle d'eux avec respect, apprécie la vérité et la valeur de leurs traditions et reconnaît dans leur religion un écho du Verbe éternel de Dieu. Le filon de continuité que détectent les théologiens entre l'ancienne et la nouvelle position ne peut suffire à démontrer que l'Église n'a pas modifié son enseignement. Nous ne voulons pas d'une théologie du magistère qui masque les victimes qu'a faites l'enseignement du passé.

Au premier chapitre, j'ai évoqué ma rencontre, dans les années 1950, avec une jeune catholique de Pax Romana – je l'ai appelée Marguerite – qui défendait le principe de la liberté religieuse et insistait pour dire que les papes se trompaient. Sa position, à l'époque, m'avait mis mal à l'aise, mais au concile du Vatican j'ai compris qu'elle avait raison. A-t-on le droit de ne pas être d'accord avec la doctrine officielle de l'Église ? En entrant dans un nouvel horizon éthique, l'Église relit l'Écriture et repense sa doctrine ; ce processus entraîne des débats à tous les niveaux de la communauté catholique et conduit éventuellement à une modification de la position officielle. En pareil contexte historique, on peut rendre un grand service à l'Église en n'étant pas d'accord avec le magistère, en l'aidant à réagir aux signes des temps à la lumière de la foi catholique. Après un long moment de réflexion, d'étude, de prière et de conversation au sein de la communauté croyante, le dissentiment avec l'enseignement officiel de l'Église peut être un devoir de conscience. C'est ce que j'appelle le principe de Marguerite, mais j'aurais pu tout aussi bien parler du principe de Jaegerstätter, cet Autrichien courageux qui a décidé de ne pas suivre l'enseignement de l'Église et qui a été exécuté par l'armée allemande pour avoir refusé d'y porter les armes[101].

L'évolution extraordinaire de l'enseignement officiel de l'Église qu'étudie ce livre vient-elle affaiblir l'autorité

---

101. Voir ci-dessus, page 126.

exercée par le magistère ecclésiastique ? Je le crois. Les catholiques veulent être personnellement convaincus avant de donner leur adhésion à l'enseignement officiel de l'Église. Le théologien canadien André Naud a examiné cette question dans un ouvrage récent[102]. Les catholiques qui croient en la révélation de Dieu dans le Verbe n'accueillent l'enseignement de l'Église que lorsqu'ils en sont intérieurement persuadés par l'Esprit présent dans leurs propres réflexions.

La réticence à se conformer à l'enseignement officiel se manifeste plus particulièrement sur trois questions que l'Église hiérarchique a jusqu'ici refusé d'examiner en réponse à l'horizon éthique d'aujourd'hui. La première de ces questions a trait au centralisme autoritaire de l'Église, qui contredit son enseignement officiel sur la collégialité, la subsidiarité et la coresponsabilité des gens au sein des institutions qui sont les leurs. Le deuxième problème est le refus de l'Église d'examiner l'égalité des hommes et des femmes à la lumière de la révélation divine. Il est déconcertant d'entendre Jean-Paul II, grand défenseur du dialogue, dire aux femmes catholiques quelle est leur vocation, au lieu de se mettre d'abord à l'écoute de leurs aspirations spirituelles et de leur douloureuse expérience d'exclusion. Je pense que la plupart des femmes catholiques accepteraient la position de l'Église sur l'avortement si elles

---

102. André NAUD, *Les dogmes et le respect de l'intelligence*, Montréal, Fides, 2000. Voir Gregory BAUM, « André Naud's Bold Theological Proposal », *The Ecumenist* 39 (automne 2002), p. 12-15.

étaient convaincues que la hiérarchie masculine était de leur côté et respectait leur sagesse. La troisième pierre d'achoppement est le refus de l'Église d'autoriser les catholiques, au sein de leurs différentes cultures, à examiner le sens de la sexualité à la lumière de leur foi. Un groupe de vieillards célibataires ne devrait pas prétendre enseigner l'éthique sexuelle au monde entier. Quand Paul VI a nommé une commission mixte d'hommes et de femmes, mariés et célibataires, spécialistes et profanes, pour évaluer la pratique de la régulation des naissances, la commission est arrivée à une conclusion qui n'était pas la position officielle de l'Église[103]. Mais le Pape ne les a pas suivis. Des enquêtes sur le comportement des catholiques révèlent qu'en matière d'amour sexuel ils appliquent le principe de Marguerite : ils éclairent leur conscience indépendamment du magistère.

La continuité de l'identité catholique

L'évolution extraordinaire de l'enseignement officiel de l'Église, je tiens à insister sur ce point, est en continuité avec la tradition théologique catholique et diffère de plusieurs façons de l'évolution de la pensée protestante qui a affronté les mêmes enjeux en fidélité à sa propre tradition. En réagissant à de nouvelles situations historiques, une grande tradition veut demeurer fidèle à son génie particulier. Dans les prochains paragraphes, je

---

103. Robert Blair Kaiser, *The Politics of Sex and Religion : A Case History of the Development of Doctrine 1962-1984*, Kansas City, Leaven Press, 1985.

voudrais signaler six aspects du *catholicisme solidaire* qui montrent sa fidélité à la tradition catholique.

1. Dans la tradition catholique, le salut divin a toujours été vu comme un drame historique de délivrance et de vie nouvelle, qui rejoint l'ensemble de l'histoire humaine et même le cosmos. La liturgie de la veillée pascale avec ses lectures bibliques et l'hymne magnifique de l'*Exsultet* célèbre la mort et la résurrection du Christ comme l'événement rédempteur d'une portée universelle qui délivre du péché, réhabilite et élève l'œuvre créatrice de Dieu. Dans cette perspective, même le don de la grâce à une personne, événement privé survenant dans l'intimité du cœur humain, s'ouvre sur le drame rédempteur à l'œuvre dans le monde et prépare la réconciliation ultime de la nature et de l'humanité avec le Dieu trinitaire. Le nouvel enseignement de l'Église interprète ce drame divin comme la présence de la grâce de Dieu dans l'histoire, qui appelle et habilite les gens à promouvoir la paix, la justice et la réconciliation au service de l'avènement du règne de Dieu.

2. Si l'enseignement officiel a surtout réservé le salut divin aux membres fidèles de l'Église catholique, il a aussi toujours reconnu un ensemble de valeurs que les catholiques partagent avec le reste de l'humanité. La tradition de la loi naturelle, appuyée par l'Église, se fondait sur la conviction qu'en dépit de la distorsion de la rationalité par la culture dominante, une raison plus profonde opérait dans l'intelligence humaine et rejoignait des normes

éthiques d'une validité universelle. Le courant principal de la théologie catholique affirmait que cette raison plus profonde permet aux gens de reconnaître l'existence de Dieu et de lui rendre hommage par des actes de «religion naturelle». La théologie de certains Pères de l'Église voyait dans ces valeurs communes et dans cette orientation vers Dieu la présence salvifique du Logos divin, mais leur pensée n'a pas influencé la doctrine officielle de l'Église. Néanmoins, le courant théologique principal et le magistère ecclésiastique ont toujours cherché à baliser un terrain d'entente aussi étendu que possible entre l'Église et l'humanité.

Nous avons vu que l'enseignement social catholique né avec Léon XIII se fondait sur l'intelligence commune à l'humanité. Plus tard, chez Jean XXIII et ses successeurs, l'enseignement social catholique a été de plus en plus guidé par la raison et par la révélation, jusqu'à élever la recherche de la justice sociale à l'ordre de la foi, de l'espérance et de l'amour. À la base de l'enseignement social catholique récent, il y a la conviction de foi que la Parole de Dieu et l'Esprit de Dieu sont à l'œuvre dans les traditions de sagesse et dans la conscience des gens partout dans le monde. Mais déjà l'ancienne tradition de la loi naturelle fondée sur la seule raison montre que la recherche d'un lien unissant l'Église et le reste de l'humanité a été une préoccupation constante de la tradition catholique.

3. Contrairement au monde moderne, la tradition catholique continue de faire confiance à la métaphysique. Pour les philosophes classiques, le monde de l'expérience avait une dimension profonde qui échappait à l'observation et aux sciences naturelles, mais qui se dévoilait à l'esprit réfléchi. Les philosophes parlaient avec assurance de la réalité spirituelle, de l'âme et de l'existence de Dieu. Alors que l'empirisme moderne a miné cette confiance en la métaphysique, la tradition catholique a refusé d'y renoncer. L'Église reconnaît la distorsion qui affecte la forme dominante de la raison, mais elle fait confiance à la capacité de l'intelligence humaine de dépasser ces distorsions pour accéder à un dialogue créateur avec la révélation divine. Le nouvel enseignement de l'Église, consigné dans les chapitres qui précèdent, sans épouser une philosophie particulière, tient pour acquise dans l'existence humaine et cosmique une dimension de profondeur qui échappe au regard et que négligent les sciences, mais qui nous permet, en nous fondant sur la révélation divine et sur la raison humaine, de parler de la présence rédemptrice de Dieu dans le monde et de l'avènement du règne de Dieu par-delà l'histoire.

4. Le *catholicisme solidaire,* tout en étant orienté vers l'action dans le monde, communique la confiance en Dieu et non en la volonté humaine. Voilà qui est en parfaite continuité avec la tradition catholique. La reconnaissance de la présence rédemptrice de Dieu dans l'histoire préserve

l'Église, quand elle appelle à l'action, de l'illusion pélagienne selon laquelle l'humanité peut se sauver toute seule par ses bonnes actions et sa bonne volonté. Le bien que nous faisons, enseigne la Bible, est un don que Dieu nous fait. Défendre les droits de la personne, opter pour la justice sociale, promouvoir une culture de paix et vivre en solidarité avec tous les prochains, qu'ils soient religieux ou non, ce n'est pas le fait de la chair et du sang, si je peux me permettre d'employer une expression biblique, mais l'œuvre de l'Esprit, un don gratuit qui nous est fait à nous, prisonniers d'un monde d'inégalité meurtrière présentement engagé sur la mauvaise voie. D'après les textes de Jean-Paul II que nous avons cités plus haut[104], nous ne pourrons jamais échapper complètement à l'ambiguïté de l'existence humaine parce que, bon gré mal gré, nous participons au moins minimalement aux structures pécheresses de la société. Même les militants courageux qui prennent des risques et qui font des sacrifices doivent compter sur la miséricorde de Dieu.

5. Parce que le nouvel enseignement de l'Église donne la priorité à la solidarité universelle, il crée un lien nouveau avec les saints, ces frères et sœurs qui sont morts en Dieu et qui vivent maintenant dans la lumière divine. Puisque Dieu ne veut pas être Dieu sans nous[105], nous ne voulons

---

104. Voir les pages 113-114.

105. L'expression «Dieu ne veut pas être Dieu sans nous» est tirée de Miroslav VOLF, *Exclusion and Embrace*, Nashville, Abingdon Press, 1996, p. 126.

pas penser à Dieu ou adorer Dieu sans reconnaître le lien de solidarité qui nous unit à la communion des saints.

6. En continuité avec la tradition catholique, le nouvel enseignement officiel de l'Église suscite une spiritualité intense. La solidarité avec les pauvres et les opprimés provoque dans notre cœur une grande douleur : nous souffrons de vivre dans un monde où des millions de personnes n'arrivent pas à nourrir leurs enfants, sans qu'il y ait pénurie de nourriture. Nous pleurons la dévastation causée par des guerres et des conflits armés qui tuent et estropient les innocents. Jésus crucifié nous révèle les conditions de vie de la majorité cachée de l'humanité. Il y a des chrétiens qui en perdent la foi, incapables qu'ils sont de concilier les vagues de souffrance qui déferlent sur l'humanité et leur foi en Dieu ; d'autres croient que la blessure qu'ils portent au cœur est l'œuvre de Dieu, qui éveille en eux le sens de la solidarité universelle. L'aspiration profonde à la libération des victimes et à la réconciliation de la famille humaine dans l'amour, la justice et la paix est le sanctuaire du Dieu trinitaire dans l'âme. Dieu vit dans notre passion. En nous ouvrant à Dieu dans la prière, nous ne tournons pas le dos à l'humanité souffrante. En fait, plus nous sommes proches de Dieu, plus nous aspirons à sauver les blessés.

En nous tournant vers Dieu, nous nous abandonnons au mystère transcendant de la réconciliation qui agit dans le cœur humain comme Verbe et comme Esprit pour susciter des mouvements d'amour, de justice et de paix.

Mais la Bible ne nous dit pas si la présence de la grâce de Dieu chez nous entraînera éventuellement la réconciliation de l'humanité sur cette terre ou si chaque civilisation laissera son péché miner son existence de sorte que le dessein de Dieu ne s'accomplira que dans l'âge à venir. Nous voulons tirer notre joie de la Bonne Nouvelle, rendre grâce pour tous les dons reçus, célébrer la résurrection du Christ et nous émerveiller du Dieu inconnu – sans oublier le tourment de l'humanité. C'est ce que j'appelle souvent danser avec une jambe malade. La vie contemplative, portée par une aspiration à la réconciliation universelle, est en parfaite harmonie avec le *catholicisme solidaire*.

TABLE DES MATIÈRE

Robert Heilbroner
Le capitalisme du XXIe siècle

Naïm Kattan
Idoles et images

Georges Langlois
À quoi sert l'histoire?

M. Owen Lee
Wagner ou les difficiles rapports entre la morale et l'art

Doris Lessing
Nos servitudes volontaires

Jean-François Malherbe
Le nomade polyglotte
L'excellence éthique en postmodernité

Charles Taylor
La diversité de l'expérience religieuse aujourd'hui
Grandeur et misère de la modernité

Pierre Vadeboncoeur
Le bonheur excessif
L'humanité improvisée

MEMBRE DU GROUPE SCABRINI

Québec, Canada
2006